Susanne Seethaler

All you need is Soup!

KNAUR
BALANCE

Susanne Seethaler

All you need is Soup!

Von Bauchweh bis Fernweh – eine Suppe für jede Lebenslage

KNAUR
BALANCE

Besuchen Sie uns im Internet:
www.knaur.de

FSC
www.fsc.org
MIX
Papier aus verantwortungsvollen Quellen
FSC® C004592

Ein Imprint der Verlagsgruppe Droemer Knaur GmbH & Co. KG, München

Redaktion: Désirée Schoen
Covergestaltung: atelier-sanna.com, München
Coverabbildung: © StockFood/Hendey, Magdalena; shutterstock © Hein Nouwens; atelier-sanna.com, München
Konzeption und Satzgestaltung: atelier-sanna.com, München
Druck und Bindung: APPL, apprinta druck, Wemding
ISBN 978-3-426-67526-7

5 4 3 2 1

Inhalt

HEILSUPPEN

WELLNESSSUPPEN

SUPPEN FÜR HERZ UND SEELE UND EINFACH ZUM FREUEN

SUPPENZAUBER – HIGHLIGHTS FÜR GÄSTE, PARTY UND PICKNICK

JAHRESZEITENSUPPEN

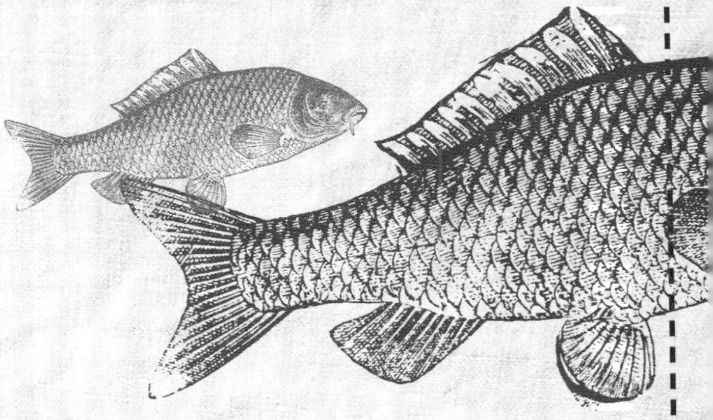

VORWORT

ALL YOU NEED IS SOUP! ist ein sehr persönliches Kochbuch geworden – wie soll es auch anders sein, denn ich habe neben meinem Bauch auch mein Herz und meine Seele durch die Suppen sprechen lassen. Vor allem mit Suppen verbinden viele Menschen Wohlbehagen und schöne Erinnerungen. Sie symbolisieren für viele Wärme und Liebe. Ich lade dich ein, neben dem Kochen der Suppen und dem Ausprobieren meiner Rezepte, selbst auf Entdeckungsreise zu gehen und deinen Bauch und dein eigenes Herz nach den Herz- und Seelensuppen in deinem persönlichen Leben abzufragen. Von meinen Kochkursen weiß ich, dass fast jeder Mensch ein mehr oder weniger großes Repertoire an Suppen hat, mit denen er Freundschaft, Dankbarkeit, Sehnsüchte, Heimat, Liebe und noch vieles mehr verbindet. Es wird Zeit, diese Suppen und auch andere Gerichte mal wieder hervorzukramen, oder?!
Wir leben in einer Zeit, in der, zumindest hier im Westen, große Veränderungen in Sachen Ernährung stattfinden. Viele Menschen beginnen sich vegan bzw. vegetarisch zu ernähren oder sie konsumieren, wenn überhaupt, nur noch Fleisch, das aus einwandfrei biologischer und nachhaltiger Zucht stammt. Ein Umdenken findet statt, das ist toll! Wir kümmern uns mehr um unseren Körper und möchten ihm nur das Beste zuführen – und wir achten dabei auch noch, soweit es uns möglich ist, auf unsere Umwelt und versuchen sie mit all ihren Pflanzen und Tieren zu bewahren und zu schützen. Wir haben außerdem das Glück, den neuesten Trends in Sachen Ernährung folgen zu können, weil wir hierzulande im Überfluss leben und kein Hunger herrscht.
Manchmal jedoch beschleicht mich das ungute Gefühl, dass bei der Suche nach der optimalen Ernährung der Körper an sich, vor allem in unserer modernen, westlichen Gesellschaft, zu sehr in den Vordergrund bzw. an erste Stelle gerückt und ihm in einem Maße gehuldigt wird, das in manchen Fällen an Hysterie grenzt. Er soll gesund sein, so lange wie möglich jung und fit bleiben und obendrein natürlich schön und knackig aussehen. Gegen all das ist überhaupt nichts einzuwenden, im Gegenteil, denn es ist wichtig, sich um dieses Wunderwerk der Natur liebevoll und achtsam zu kümmern – solange wir dabei unser Herz und die Seele nicht außer Acht lassen oder gar völlig vergessen.
Ich arbeite regelmäßig in der Küche eines kleinen Münchner Cafés. Immer wieder kommen Gäste, hauptsächlich Frauen, zu uns, die sich einer speziellen Ernährung verschrieben haben und deswegen die abenteuerlichsten Wünsche äußern. Manche von ihnen essen Dinge, die zwar von den Medien und einschlägiger Literatur als gesund gepriesen werden, die ihrem Körper aber eigentlich gar nicht guttun. Oder sie verzichten auf Lebensmittel, ohne genau hingespürt zu haben, ob ihr Körper über-

haupt damit einverstanden ist. Wir Frauen neigen dazu, unseren Körper immer weiter optimieren zu wollen – auch, um anderen zu gefallen. Dabei kommt uns das Gespür dafür, was dieser Körper wirklich will und braucht, manchmal vollkommen abhanden. Auch ich selbst kann davon ein leidvolles Lied singen.
Mittlerweile ist es zehn Jahre her, dass ich in einem kleinen Münchner Kino den Film »How to cook your life« von Doris Dörrie gesehen habe. Ich kann mich noch gut daran erinnern, wie sehr mich der Protagonist Edward Espe Brown in seinen Bann gezogen hat. Edward lebt und arbeitet als Zen-Koch in einem Kloster an der kalifornischen Pazifikküste. Sein Umgang mit Lebensmitteln und seine Art, Speisen zuzubereiten, wirkten damals auf mich wie eine Liebeserklärung an die Fülle des Lebens. Ich war so beeindruckt, dass ich mich spontan dazu entschloss, nach Amerika zu gehen, um bei ihm das Kochen zu lernen. In den darauffolgenden Jahren wurde ich seine Assistentin und begann, selbst Kochkurse, die auf das achtsame Zubereiten und Essen von Speisen ausgerichtet sind, zu leiten.
Es ist der liebevolle und wache Umgang mit sich selbst – und damit auch mit Lebensmitteln –, der Herz, Bauch und Seele zusammenbringt.
Wir spüren wieder genau hin, was uns ganz persönlich wirklich guttut. Dieses »Guttun« bezieht alles mit ein: die Gefühle und die Empfindungen, die wir beim Essen wahrnehmen, den Geschmack der Speisen – und die grundsätzliche Freude am Genuss und am Genährtwerden. Wir lernen uns über das Kochen und Essen wieder selbst kennen und erneuern das Vertrauen, das wir in unseren Körper haben dürfen, denn er weiß ganz genau, was ihm guttut und was nicht.

In diesem Sinne wünsche ich dir viel Freude mit ALL YOU NEED IS SOUP!

Queen of the kitchen

SUPPEN-BASICS – *Brühen und Co.*

In diesem kurzen Kapitel findest du alle Brühen, die in den nachstehenden Rezepten von ALL YOU NEED IS SOUP! verwendet werden. Du kannst in Sachen Brühe aber auch hin und wieder auf Fertigprodukte zurückzugreifen, denn es versteht sich von selbst, dass es manchmal eben schnell gehen muss. Aus demselben Grund spricht meiner Meinung nach rein gar nichts gegen eine Instantbrühe, denn wer hat schon immer Selbstgemachtes auf Vorrat zu Hause? Besonders in Hinsicht auf Gemüsebrühen gibt es wirklich gute Bio-Instantprodukte ohne Geschmacksverstärker zu kaufen.
Bei Rinder- bzw. Kalbsfond, und auch bei Geflügelbrühe, greife ich persönlich aber doch lieber zu qualitativ hochwertigen Produkten aus dem Glas als zum klassischen Brühwürfel. Du kannst es bei einem Rezept, dessen Basis Rinder- oder Geflügelbrühe ist, natürlich auch mit Gemüsebrühe versuchen. Das geschmackliche Resultat ist dann vielleicht ein bisschen anders, aber bestimmt nicht minder lecker!
Da im Buch übrigens kein einziges Fischsuppen-Rezept auftaucht, habe ich an dieser Stelle auch auf eine hausgemachte Fischbrühe oder besser gesagt auf einen traditionellen Fischfond verzichtet. Und weil ich hin und wieder mit Ghee, also ausgelassener Butter arbeite, findest du das Rezept dazu ebenfalls hier. Das Ghee entspricht also dem »Co.« aus der Kapitelüberschrift.
Und zu guter Letzt: Die meisten Rezepte in ALL YOU NEED IS SOUP! sind für 4 Personen berechnet, wenn nicht anders angegeben.

KLASSISCHE GEFLÜGELBRÜHE VOM HUHN *(ergibt ca. 2,5–3 l)*

In eine klassische Geflügelbrühe kommen traditionell auch ein paar Kalbsknochen, das hat mir jedenfalls der Metzger meines Vertrauens erzählt. Ich liebe es, ihn dabei zu beobachten, mit welcher Freude er hinter der Theke seiner kleinen Metzgerei steht und seine Kunden bedient, als wären sie allesamt Könige und Königinnen. Die Knochen, bevorzugt Mark- und Gelenkknochen, verleihen der Brühe einen feineren Geschmack.

ZUTATEN:

200 g Hühnerklein, wahlweise Gänseklein
1 Suppenhuhn (ca. 1,5–2 kg), innen und außen gewaschen
2 Gelenkknochen und 1 Markknochen vom Kalb, insgesamt ca. 1 kg
1 kräftiger Schuss Apfelessig, wahlweise Haushaltsessig
2 mittelgroße Möhren, ca. 200 g, gewaschen
2 mittelgroße Stangen Lauch, ca. 250 g, gewaschen, geputzt und in 5 cm lange Stücke geschnitten
100 g Knollensellerie, gewaschen und geviertelt
3–5 getrocknete Lorbeerblätter
evtl. 1–2 frische Rosmarinzweige
6 Pimentkörner
1 TL schwarze Pfefferkörner
1 Bund Petersilie, gewaschen, im Ganzen
1–2 TL Salz

AUSSERDEM:

feinmaschiges Sieb
1 großer Topf (5 l), 1 große Schüssel,

Zubereitung:

Das Hühner- bzw. Gänseklein in die Bauchhöhle des Huhns stecken. Zusammen mit allen weiteren Zutaten für die Brühe, mit Ausnahme des Salzes, in den Topf geben und mit kaltem (!) Wasser aufgießen, bis alles gut bedeckt ist. Zum Kochen bringen, anschließend die Hitze reduzieren und das Ganze auf kleiner Flamme 5 Stunden ohne Deckel (die Hitze kann nach oben abziehen, so bleibt die Brühe schön klar) köcheln lassen. Nicht umrühren, weil sonst die Eiweißpartikel aufgewirbelt werden und die Brühe dadurch trüb wird. Entstehenden Schaum an der Oberfläche immer wieder abschöpfen, ohne dabei umzurühren.
Nach 2 Stunden Kochzeit 500 ml kaltes Wasser nachgießen.
Zum Ende der Kochzeit das Huhn herausnehmen und das Fleisch von den Knochen lösen. Beiseitestellen. Das Hühnchenfleisch eignet sich besonders gut als Suppeneinlage oder für Hühnerfrikassee und kann abgekühlt portionsweise eingefroren werden.
Knochen, Kräuter und Gemüse nun ebenfalls herausnehmen und den Sud etwas abkühlen lassen. Mit einer Schöpfkelle Fett abschöpfen, dann die Brühe abschließend durch ein feines Sieb in eine große Schüssel abgießen.
Mit Salz abschmecken.
Nach dem kompletten Abkühlen portionsweise einfrieren oder noch kochend heiß in luftdichte Weckgläser füllen und an einem kühlen Ort lagern, so hält sich die Brühe einige Monate lang.

KNOCHENBRÜHE VOM KALB ODER RIND *(ergibt ca. 3 l)*

Das folgende Rezept ist von Knochen und Fleisch her auf Kalbsbrühe ausgerichtet. Knochenbrühe vom Kalb ist vom Geschmack her feiner als herkömmliche Brühe vom Rind. Du kannst aber die Kalbsknochen und das Kalbfleisch ganz einfach durch Markknochen vom Rind und Rindfleisch ersetzen. Damit die Rinderbrühe nicht allzu streng schmeckt, ist es ratsam, Knochen und Fleisch in einem ersten Kochgang ohne die restlichen Zutaten mit kaltem Wasser aufzusetzen und 30 Minuten köcheln zu lassen. Anschließend das Wasser abgießen und den Topf gut säubern, damit keine Trübstoffe an den Wänden kleben bleiben. Dann Knochen und Fleisch erneut, dieses Mal mitsamt den restlichen Zutaten, in kaltem Wasser aufsetzen.

Kaltes Wasser ist beim Kochen von Fleischbrühen aller Art oberstes Gebot, damit die Brühe klar bleibt. Der Apfelessig sorgt dafür, dass sich beim Kochen die Nährstoffe leichter aus den Knochen lösen.

ZUTATEN:

3 kg Kalbs- oder Rinderknochen (Mark- und Gelenkknochen)
500 g mageres Suppenfleisch vom Kalb, z. B. Keule, Brust oder Rippchen, wahlweise vom Rind
1 Schuss Apfelessig, wahlweise Haushaltsessig
evtl. 2–3 frische Zweige Thymian, gewaschen
1 Bund Petersilie, gewaschen, im Ganzen
5 getrocknete Lorbeerblätter
1 TL schwarze Pfefferkörner
6 Pimentkörner
1 Möhre, ca. 100 g, gewaschen
2 dünne Stangen Lauch, ca. 250 g, gewaschen, geputzt und in ca. 5 cm lange Stücke geschnitten
100 g Knollensellerie, gewaschen und geviertelt
1 mittelgroße Petersilienwurzel, gewaschen
ca. 1 EL Salz

AUSSERDEM:

1 großer Topf (5 l oder 10 l), feinmaschiges Sieb, 1 große Schüssel

Zubereitung:

Knochen mit allen anderen Zutaten, mit Ausnahme des Salzes, in einen großen Topf geben und mit kaltem (!) Wasser aufgießen, bis alles bedeckt ist. Alles zum Kochen bringen, anschließend Hitze auf kleine Flamme reduzieren und das Ganze mindestens 3 Stunden ohne Deckel (die Hitze kann nach oben entweichen, so bleibt die Brühe klar) köcheln lassen, zwischendurch immer wieder den entstandenen Schaum an der Oberfläche abschöpfen, aber keinesfalls umrühren!

Nach 2 Stunden Kochzeit noch mal 1 l kaltes Wasser nachgießen.

Nach 3 Stunden die Brühe vom Herd nehmen und leicht abkühlen lassen.

Anschließend überschüssiges Fett mit einer Schöpfkelle abschöpfen und Knochen, Kräuter und Gemüse entfernen. Die Brühe vorsichtig durch ein feines Sieb in eine große Schüssel abgießen und danach komplett auskühlen lassen. Restliches Fett abheben.

Die Brühe zum Gebrauch erhitzen, den Rest portionsweise einfrieren oder noch kochend heiß in geeignete Weckgläser luftdicht abfüllen. Gläser an einem kühlen Ort lagern.

GEMÜSEBRÜHE
(ergibt ca. 2,5 l)

Vor vielen Jahren sah ich, wie bereits im Vorwort erwähnt, im Kino den Film »How to cook your life«, eine Dokumentation über das Leben des amerikanischen Zen-Kochs Edward Espe Brown. Ich war so beeindruckt von seiner meditativen Arbeit in der Küche seines Zen-Klosters nahe San Francisco, dass ich mich spontan entschloss, einen Flug in die Staaten zu buchen und auf gut Glück für ein paar Wochen in besagtem Kloster als Küchenhilfe anzuheuern. Und tatsächlich, ein paar Monate später fand ich mich im Vorraum der Klosterküche von Green Gulch, direkt am Pazifik, wieder und konnte es kaum fassen, dass ich gerade dabei war, mit den »Küchen-Nonnen« buddhistische Lieder zu singen. Diese Lieder, auch Chants genannt, deren Texte sich auf das achtsame Kochen und Arbeiten in der Küche bezogen, gehörten zu unserem täglichen Morgenritual, bevor wir schließlich schweigend darangingen, das Mittagessen für etwa 120 Mönche, Nonnen und Gäste des Klosters zuzubereiten. In der Küche herrschte tatsächlich ein striktes Schweigegebot, das lediglich hin und wieder von kurzen Anweisungen des Tenzos, des Küchenchefs – in diesem Fall eine ältere Nonne –, unterbrochen wurde.

Edward Espe Brown sah ich während der gesamten Zeit übrigens nur aus der Ferne, denn er arbeitet längst nicht mehr in der Küche, sondern ist bereits seit längerem zum Abt des Klosters aufgestiegen. Die Zubereitung der hausgemachten Gemüsebrühe, die in Green Gulch jeden zweiten Tag in einem großen Topf angesetzt wurde und die auch in ALL YOU NEED IS SOUP! Einzug gehalten hat, basiert aber trotzdem auf einem seiner Rezepte.

ZUTATEN:

3 EL Olivenöl
1 Zwiebel, gewaschen und samt Schale in 4 Teile geschnitten
2 Bund Suppengrün (gibt es frisch abgepackt in jedem Supermarkt), Gemüse gewaschen und in grobe Stücke geschnitten, Petersilie gewaschen
1 Knoblauchzehe mit Schale
1 Pastinake, ca. 200 g, gewaschen und in grobe Stücke geschnitten
2 EL Tomatenmark
3 l Wasser
2 Tomaten, gewaschen und grob geviertelt
gesammelte, gewaschene Gemüse-Küchenabfälle aus den vergangenen Tagen (Zwiebel- und Möhrenschalen, Lauchreste und Kräuterstengel, z. B. von Petersilie)
2 Zweige frischer Rosmarin, gewaschen
4 Wacholderbeeren, mit der breiten Messerseite zerdrückt
2–3 getrocknete Lorbeerblätter
½ TL Pfefferkörner
Sojasoße
grobes Meersalz

AUSSERDEM:

1 große beschichtete Pfanne, 1 Topf (5 l), feinmaschiges Sieb, 1 große Schüssel

Zubereitung:

Das Olivenöl in einer großen Pfanne erhitzen und die Zwiebelstücke, das Gemüse aus den Suppengrün-Bunden sowie die Knoblauchzehe und die Pastinakenstücke mindestens 10 Minuten darin scharf anbraten – dabei immer wieder umrühren. Haben sich die Schnittflächen des Selleries und der Pastinake bräunlich verfärbt, das Tomatenmark dazugeben und kräftig unterrühren. Noch mal ca. 3 Minuten braten. Währenddessen 3 l kaltes Wasser zusammen mit der Petersilie aus den Suppengrün-Bunden, den Tomatenstücken und den Gemüseabfällen in einem großen Topf zum Kochen bringen. Dann die Hitze auf kleine Flamme reduzieren und das angebratene Gemüse aus der Pfanne, Rosmarin, Wacholderbeeren, Lorbeerblätter und Pfefferkörner zugeben. Alles zusammen 2 Stunden ohne Deckel köcheln lassen, damit sich die Brühe schön reduziert und intensiver im Geschmack wird. Anschließend durch ein feines Sieb in eine große Schüssel abgießen und mit Sojasoße und Meersalz abschmecken. Noch heiß in sterilisierte Weckgläser füllen und luftdicht verschließen, oder die Brühe komplett abkühlen lassen und portionsweise einfrieren.

GHEE – *Das Tausendsassa-Butterschmalz aus Indien*

Ghee wird in der indischen Küche sehr häufig verwendet. Es benötigt keine übermäßige Kühlung und hält sich in gut verschließbaren Gläsern oder in Tongefäßen über viele Monate, wenn nicht sogar Jahre hinweg. Ich habe auf einer meiner Indienreisen einmal in Mumbai Ghee, das mit getrockneten Heilkräutern versetzt war, zu Gesicht bekommen, das laut seinem Besitzer angeblich mehrere hundert Jahre alt war. Es roch wunderbar und keineswegs, wie man vielleicht vermuten würde, ranzig oder gammelig!
Wichtig: Ghee am besten in lichtundurchlässigen Gefäßen aufbewahren und immer mit einem sauberen und trockenen Löffel, bevorzugt aus Holz, entnehmen, sonst kann es zu Schimmelbildung kommen.

Ghee ist reinstes Butterfett ohne Wasser und Eiweißrückstände – deshalb kann es auch nicht ranzig werden! – und wird als Heilmittel im Ayurveda sehr hoch geschätzt. Es soll *Agni,* das Verdauungsfeuer, das in Leber, Galle und Bauchspeicheldrüse sitzt, aktivieren und ist sehr bekömmlich. Es reinigt und entschlackt das Körpergewebe und wirkt beruhigend auf den Geist. Ghee auf schlecht heilende Wunden oder Brandwunden aufgetragen, beschleunigt den Heilungsprozess. Zudem gilt Ghee im Ayurveda als Verjüngungsmittel und Lebenselixier, es intensiviert den Geschmack von Speisen und bewahrt deren Vitamin- und Vitalstoffgehalt.

ZUTATEN:

250 g ungesalzene Butter – da sich Ghee quasi unbegrenzt hält, kannst du aber im Grunde so viel Butter verarbeiten, wie du willst

AUSSERDEM:

Topf, feines Küchensieb, 2–3 saubere Zelltücher oder 1 sauberes Geschirrtuch, 1 sterilisiertes Glas mit Deckel

Zubereitung:

Die Butter in einen Topf geben und bei mittlerer Hitze sanft zum Köcheln bringen. Wenn die Butter beginnt, Schaum und Blasen zu bilden, die Hitze reduzieren und den Schaum abschöpfen. Das Ghee weiter sicht- und hörbar köcheln lassen, aber NICHT umrühren!
Nach ca. 12–15 Minuten sollte sich am Boden des Topfes ein heller, manchmal auch leicht bräunlicher Satz gebildet haben. Das ist das Eiweiß, das sich nun ablagert. Aufpassen, dass die Eiweißpartikel nicht schwarz werden, sonst schmeckt das Ghee bitter.
Das Ghee ist fertig, wenn alle Flüssigkeit verdampft, d. h. kein Blubbern mehr zu hören ist und wenn es eine klare, goldgelbe Farbe angenommen hat und wunderbar nussig duftet.
Ein feinmaschiges Sieb doppellagig mit Zelltuch oder mit einem Geschirrtuch auslegen und das Ghee langsam in ein steriles Glas filtern. Komplett auskühlen lassen und erst dann verschließen. Ghee nicht im Kühlschrank, sondern bei Zimmertemperatur lagern.

गाय

POWERSUPPEN – *Energiespender* für den Alltag

Suppen können richtige Energiespender sein. Sie päppeln uns auf, geben uns Kraft und wirken wohltuend auf Körper und Geist. Die Suppen in diesem Kapitel helfen dem Körper auf ganz unterschiedliche Weise, seine Batterien wieder aufzuladen, um kraftvoll und fokussiert durch den Tag zu kommen. In Asien werden solche »Suppen-Kraftpakete« vielerorts bereits am frühen Morgen mit großer Freude verspeist, so wird der Körper gleich mit der ersten Mahlzeit des Tages mit ausreichend Flüssigkeit und Vitaminen versorgt.

Eine gute Suppe beschert uns Wohlbehagen und Zufriedenheit und entspannt dadurch Körper und Seele – die Grundvoraussetzung schlechthin für Kraft und Energie im Alltag.

FLÜSSIGES KRAFTPAKET – FEINE SUPPE FÜR MEHR ENERGIE: NUDELSUPPE AUS ASIEN *mit pochiertem Ei*

Auf einer vierwöchigen Reise durch Myanmar, ehemals Burma, aß ich diese herrliche Suppe fast jeden Morgen zum Frühstück. Für Menschen wie mich, die es zu früher Stunde schon deftig mögen, ist das wirklich ein toller Start in den Tag – zudem es in der Regel immer ein großes Glas Milchtee zur Suppe gibt, den die Einheimischen mit Unmengen dieser zähflüssigen, gesüßten Kondensmilch servieren, die man bei uns noch als »Milchmädchen« kennt. Ich wurde schnell süchtig nach dieser tollen Suppe, vor allem aber auch nach dem Tee. Ich trank jeden Tag nicht nur ein Glas, sondern bis zum Abend hin mindestens vier Gläser davon. Aber vor allem am Morgen passt dieses heiße, süße Getränk für mein geschmackliches Empfinden perfekt zu der feinwürzigen Nudelsuppe, die es in Myanmar in jeder Garküche am Straßenrand zu kaufen gibt. Die Herstellung der Brühe für diese Suppe ist etwas zeitaufwendig, aber es lohnt sich. Sie sollte am besten bereits am Vortag zubereitet werden, weil sie mehrere Stunden köcheln muss.

In Myanmar stellt man Brühe traditionell aus Schweineknochen her, aber das macht hierzulande keiner mehr, zumal Brühe aus Rindfleisch und -knochen einen viel besseren Geschmack hat. Für unsere Nudelsuppe habe ich in einem alten burmesischen Kochbuch gekramt, das ich mir damals von meiner Reise mitgebracht habe. Gott sei Dank ist es in englischer Sprache verfasst, sonst hätten wir jetzt ein kleines Problem. Neben den klassischen Zutaten wie Sojasoße, Staudensellerie und Pfefferkörner habe ich meiner Phantasie für ALL YOU NEED IS SOUP! allerdings freien Lauf gelassen, und das Ergebnis kann sich, wie ich finde, echt sehen bzw. löffeln lassen.

ZUTATEN FÜR DIE BRÜHE (AM VORTAG ZUBEREITEN):

2,5 l kaltes Wasser
300 g mageres Rindfleisch, z. B. aus der Keule
3 Markknochen, ca. 1 kg
1 EL Obstessig
3 l kaltes Wasser
ca. 70 g Galgant (gibt's im Asia-Supermarkt), gewaschen und halbiert
ca. 10 g Korianderwurzeln (gibt's im Asia-Supermarkt bei den frischen Kräutern), gewaschen
Saft von 1 Limette
1 Stange Staudensellerie, ca. 100 g, gewaschen und in grobe Stücke geschnitten
¼ TL gemahlener Szechuanpfeffer
½ TL Pfefferkörner
1 Prise Kurkuma
2 EL Fischsoße
2 EL Sojasoße
Schale von 1 Bio-Limette, heiß gewaschen – am besten mit einem herkömmlichen Sparschäler in großen Streifen von der Frucht lösen

AUSSERDEM:

1 großer Topf, feines Sieb, 1 große Schüssel

Zubereitung:

2,5 l kaltes Wasser zusammen mit dem Fleisch und den Markknochen in einen großen Topf geben und zum Kochen bringen. Die Hitze auf mittlere Flamme reduzieren und das Ganze 30 Minuten köcheln lassen. Während des Kochens immer wieder den entstehenden Schaum abschöpfen.
Am Ende der Kochzeit den Topf vom Herd nehmen, Fleisch und Knochen entfernen und die Brühe durch ein Sieb in eine Schüssel abgießen.
Den Topf gut ausspülen und säubern, denn sonst bleiben Trübstoffe darin haften.
Erneut kaltes Wasser (3 l) in den Topf füllen und das Fleisch, die Markknochen und die restlichen Zutaten – außer der Limettenschale – zugeben.
Alles aufkochen lassen, dann die Hitze auf kleine Flamme reduzieren und die Brühe ohne Deckel mindestens 3 Stunden köcheln lassen. Dabei reduziert sich die Flüssigkeit deutlich, so dass zum Schluss noch etwa 1 l klare Brühe zurückbleibt.
In den letzten 15 Minuten die Limettenschale zugeben; sie sollte nicht zu lange mitkochen, sonst wird die Brühe bitter. Anschließend das Ganze vom Herd nehmen, alles entfernen und die Brühe vorsichtig durch ein feines Sieb in eine große Schüssel gießen.
Fleisch und Knochen ein letztes Mal zurück in den Topf geben und mit 500 ml kaltem Wasser aufgießen. Noch mal kurz aufkochen lassen, dann die Flüssigkeit durch das Sieb zum Rest der Brühe geben. Jetzt hast du 1,5 l Brühe; 1,2 l brauchst du für das Rezept, den Rest kannst du in ein steriles Glas mit Deckel füllen und an einem kühlen Ort lagern oder nach dem kompletten Abkühlen einfrieren.
Die Brühe gut auskühlen lassen, dann in den Kühlschrank geben und über Nacht erkalten lassen. Am nächsten Tag kannst du das Fett ganz leicht von der Brühe heben und entsorgen.
Das Fleisch nach dem kompletten Abkühlen ebenfalls abgedeckt in den Kühlschrank stellen.
Kleiner Tipp von meiner Oma: Wenn du einen Schöpflöffel in der Schüssel lässt, läuft die Brühe nicht in Gefahr, sauer zu werden. Da sich ohne Löffel eine geschlossene Fettschicht an der Oberfläche bildet, kann keine Luft entweichen und die Brühe könnte »kippen«.

ZUTATEN FÜR DIE NUDELSUPPE:

1 Knoblauchzehe, geschält, sehr fein gehackt, dann mit der flachen Messerseite zerdrückt und mit 1 Prise Salz vermischt
1 Stück frischer Ingwer, ca. 10 g, geschält und sehr fein gehackt
1 EL Olivenöl
1 frische rote Chilischote, gewaschen, bei Bedarf von den Kernen befreit und in feine Ringe geschnitten
Frühlingszwiebeln, in Ringe geschnitten
2 Stangen Staudensellerie samt Blättern, ca. 200 g, gewaschen und in mundgerechte Stücke geschnitten, die Blätter fein geschnitten
300 g vom gekochten Rindfleisch aus der Brühe, in feine Streifen geschnitten
ca. 150 g Chinakohl, fein geschnitten, gewaschen und trockengeschleudert
1,2 l Brühe
pro Person 50 g asiatische Bandnudeln aus Weizenmehl (gibt es in gut sortierten Asia-Supermärkten), wahlweise Ramen-Nudeln aus Weizenmehl oder dicke Reisnudeln, die in Japan »Udon« heißen
Salz
geschmacksneutrales Speiseöl, z. B. Sonnenblumenöl
Saft von 1 Limette
Sojasoße und Fischsoße
pro Person 1 Ei (L) – aufgepasst, die Eier müssen sehr frisch sein!
einfacher Haushaltsessig
2 EL Koriandergrün, gewaschen und fein geschnitten

AUSSERDEM:

2 Töpfe, Sieb, 1 Schüssel, 1 hochwandige Pfanne

Zubereitung:

Den mit Salz zerdrückten Knoblauch mit dem Ingwer vermischen. Das Öl in einem großen Topf erhitzen und die Knoblauch-Ingwer-Paste darin anbraten. Dabei aufpassen, dass der Knoblauch nicht braun wird, sonst schmeckt die Suppe bitter. Die Chilischotenringe und die Frühlingszwiebeln zugeben und kurz mit anbraten. Dann Staudensellerie, Chinakohl und Rindfleisch hinzufügen und gut unterrühren, anschließend mit Brühe aufgießen. Aufkochen lassen, dann die Hitze auf kleine Flamme reduzieren und die Suppe ca. 10 Minuten bei geschlossenem Deckel köcheln lassen. Währenddessen reichlich Wasser in einem zweiten Topf zum Kochen bringen. Nudeln in das kochende Wasser geben und salzen. Die Nudeln in wenigen Minuten gar kochen – asiatische Weizennudeln brauchen nur 2–3 Minuten, bis sie gar sind, also deutlich kürzer als unsere Hartweizennudeln – und durch ein Sieb abgießen; gründlich kalt abschrecken.
Dann zurück in den Topf geben, mit etwas neutralem Speiseöl vermischen, damit sie nicht zusammenkleben, und einen Deckel draufgeben.
Die Suppe vom Herd nehmen, Chinakohl und Limettensaft zugeben und mit Salz, Soja- und Fischsoße abschmecken.
Für die Eier ca. 10 cm hoch Wasser in einen flachen Topf oder in eine hochwandige Pfanne füllen und erhitzen, bis es leicht köchelt. Einen kräftigen Schuss Essig zugeben. Die Eier einzeln in eine Tasse aufschlagen und dann vorsichtig nacheinander und nicht zu dicht nebeneinander in das simmernde Wasser hineingleiten lassen. Nimm am besten einen Esslöffel zur Hilfe, über den du die Eier, eins nach dem anderen, sanft gleiten lässt.
Die Eier 4–5 Minuten im Wasser gerinnen lassen. Wichtig ist, dass das Wasser wirklich nur köchelt und nicht kocht, sonst zerfallen die Eier. Zum Schluss die Eier einzeln wenden und einmal durch das Wasser ziehen, bevor du sie herausholst und kurz auf einem kleinen Teller »zwischenparkst«.
Zum Anrichten die Nudeln in vorbereitete Schalen geben. Heiße Brühe mit Inhalt portionsweise darübergeben und jeweils ein Ei obenauf legen.
Mit reichlich Koriandergrün bestreuen.

Tipp zur Resteverwertung:

RINDFLEISCH-NUDELSALAT »MYANMAR STYLE«

Diesen Salat habe ich eben mal schnell dazuerfunden. Du kannst beim Dressing gerne selbst ein bisschen experimentieren, indem du die Erdnussbutter beispielsweise weglässt. Das macht den Salat vom Geschmack her frischer.

In Anlehnung an die vergangene »Asia-Suppe« habe ich den Nudelsalat nun »Myanmar Style« getauft. Dafür kannst du supergut übrig gebliebenes Rindfleisch aus der Brühe für die Suppe verwenden.

ZUTATEN FÜR DEN NUDELSALAT:

200 g asiatische Bandnudeln (oder andere asiatische Nudeln deiner Wahl), gekocht (Achtung: Die Kochzeit bei asiatischen Weizennudeln beträgt nur 2–3 Minuten!), kräftig mit kaltem Wasser abgeschreckt, komplett abgekühlt und anschließend mit etwas geschmacksneutralem Speiseöl vermischt, damit sie später im Salat nicht zusammenkleben
100 g kaltes, gekochtes Rindfleisch, in feine Streifen geschnitten
1 mittelgroße rote Paprikaschote von den Stielen und den Kernen befreit und in kurze, feine Stücke geschnitten
1 Stange Staudensellerie, ca. 100 g, gewaschen und in feine Scheibchen geschnitten
1 rote Chilischote, gewaschen und bei Bedarf von den Kernen befreit, in feine Ringe geschnitten
1 grüne Chilischote, gewaschen und bei Bedarf von den Kernen befreit, in feine Ringe geschnitten
2 EL Koriandergrün, gewaschen und fein geschnitten

ZUTATEN FÜR DAS DRESSING:

Saft und Zesten (sprich die Schale in feinen Streifen) von 1 Bio-Limette
(Schale zuvor unter fließend heißem Wasser abwaschen)
2 EL Sesamöl, wahlweise Erdnussöl (wenn du keins von beiden zu Hause hast, geht auch Olivenöl)
3 EL Sojasoße
2 EL Fischsoße
½ TL Honig
3 EL Brühe vom Vortag – falls noch etwas übrig ist, ansonsten 3 EL Wasser
Salz

AUSSERDEM:

1 große und 1 kleine Schüssel

Zubereitung:

Alle Zutaten für den Salat in eine große Schüssel geben und vermengen. Die Zutaten für das Dressing in eine zweite, kleine Schüssel geben und gut miteinander verrühren. Zum Schluss mit Salz abschmecken. Das Dressing ca. 15 Minuten ziehen lassen, dann zu dem Nudelsalat in die große Schüssel geben und alles gut vermischen. Asiatische Bandnudeln ziehen enorm viel Flüssigkeit, also eventuell noch etwas Flüssigkeit in Form von Wasser bzw. Brühe, Sojasoße oder Limettensaft zugeben. Den Salat sofort servieren.

RELAX AND CALM DOWN – ANTI-STRESS-SUPPE: VEGETARISCHES WOHLFÜHLCURRY *mit Mandel-Orangen-»Kuss-Kuss« à la Herzensköchin*

Diese Suppe ist genau genommen ein Curry, aber es passt so wunderbar zum Thema »Relax and calm down«, dass ich es einfach mit einschmuggeln musste. Alle meine Testesser und Testesserinnen bestätigten mir zudem einhellig großes Wohlbefinden und innere Zufriedenheit nach dem Verzehr – ich kann also guten Gewissens für mein Curry bürgen. Mit der »Herzensköchin« bin übrigens ich selbst gemeint. Seit einigen Jahren leite ich, zu Hause in meiner kleinen Küche, regelmäßig Achtsamkeitskochkurse. Meine Gäste reisen meist aus ganz Deutschland, Österreich und der Schweiz an, und wir verbringen gemeinsam einen Tag mit Lachen, Meditieren und natürlich mit gutem Essen, das wir gemeinsam achtsam kochen.

Das achtsame Zubereiten von Speisen macht total Spaß. In meinen Kursen lernen wir, wieder einen liebevollen und aufmerksamen Bezug zu den Lebensmitteln, aber auch zu den Gerätschaften, mit denen wir arbeiten, herzustellen. Das kann mitunter sehr lustig sein, wenn aus dem Couscous dann ein Kuss-Kuss wird oder wir während einer Achtsamkeitsübung beim Abwasch so tun, als wären unsere Suppenteller kleine Babys, die man behutsam und sanft im warmen Wasser drehen und wenden muss, damit sie sich sicher und geborgen fühlen. Am Ende dieser Kurstage sind wir alle immer rundum genährt und in einer Weise satt, die über das Körperliche weit hinausgeht.

ZUTATEN FÜR DAS CURRY:

ca. 2 EL Sesamöl, wahlweise Sonnenblumen- oder Erdnussöl
1 Stück frischer Ingwer, ca. 20 g, geschält und fein gehackt
1 Knoblauchzehe, geschält, fein geschnitten und mit 1 Prise Salz vermengt
1 mittelgroße Stange Lauch, ca. 250 g, gewaschen und in feine Ringe geschnitten
200 g getrocknete Aprikosen, in feine Scheibchen geschnitten
optional: 1 frische rote Chilischote, gewaschen, entkernt und fein gehackt
2–3 Möhren, ca. 300 g, geschält und in Scheiben geschnitten
1 kleine Fenchelknolle, ca. 200 g, in Stückchen geschnitten
1 Dose Kichererbsen, 200 g Abtropfgewicht, gewaschen und abgetropft
1 großer säuerlicher Apfel, gewaschen, entkernt und in würfelgroße Stücke geschnitten
3 EL Sojasoße
1 EL Honig
Saft und Zesten von 1 Bio-Zitrone (Schale vorher unter fließend heißem Wasser waschen)
1 EL gelbes Currypulver (findet man in manchen Supermärkten unter der Bezeichnung »englisches Curry«)
ca. 750 ml Gemüsebrühe, wahlweise Geflügelbrühe
1 Dose Kokosmilch à 400 g
Salz und frisch gemahlener Pfeffer
ca. 50 g gehackte Nüsse nach Wahl, z. B. ungesalzene Erdnüsse oder Cashewnüsse
optional: 1 EL Koriandergrün, gewaschen und fein gehackt

ZUTATEN FÜR DEN KUSS-KUSS:

300 g Couscous
Gemüsebrühe
Saft und Zesten von 1 Bio-Orange (Schale vorher unter fließend heißem Wasser waschen)
100 g Mandelblättchen

AUSSERDEM:

1 großer Topf, 1 kleine beschichtete Pfanne, 1 große Schüssel

Zubereitung:

Sesamöl in einem großen Topf erhitzen. Ingwer, Knoblauch und Lauch zugeben und 1–2 Minuten unter ständigem Rühren anbraten. Anschließend die getrockneten Aprikosen und, wenn du magst, die Chili hinzufügen. Die Hitze reduzieren und alles zusammen 2–3 Minuten dünsten, gelegentlich umrühren. Die Möhren und den Fenchel zugeben und unterrühren. 1–2 Minuten dünsten und erst danach die Kichererbsen und die Apfelstückchen dazugeben. Das Ganze mit Sojasoße ablöschen und gut verrühren. Dann Honig, Zitronensaft und -zesten sowie Currypulver unterrühren und anschließend mit der Gemüse- oder Geflügelbrühe ablöschen. Zuletzt mit der Kokosmilch aufgießen. Alles bei geschlossenem Deckel und auf mittlerer Flamme 10–15 Minuten köcheln lassen, bis das Gemüse bissfest gegart ist.
Während das Curry köchelt, den Kuss-Kuss zubereiten. Dazu Couscous, wie auf der Packung angegeben, in einer Schüssel in heißer Gemüsebrühe quellen lassen. Wenn das Getreide gar ist, Orangensaft und -zesten unterrühren.
100 g Mandelblättchen in einer beschichteten Pfanne trocken rösten und zum Servieren über den Kuss-Kuss streuen (oder nach Belieben unterheben).
Das Curry mit Salz und Pfeffer abschmecken und die gehackten Nüsse unterrühren. Zum Servieren zusammen mit dem Kuss-Kuss auf lauwarmen Tellern verteilen und eventuell mit Koriandergrün garnieren.

AB INS SAMADHI – KONZENTRATIONSSUPPE:

SCHNELLER POWERYOGA-GEMÜSETOPF *mit Tofu, Tamari-Mandeln und Sprossen*

Wer an Yoga denkt, dem kommen sicher sofort alle möglichen körperlichen Verrenkungen in den Sinn, aber Yoga im klassischen Sinne umfasst sehr viel mehr als nur die »Asanas«. Wer ernsthaft den Weg des Yoga beschreitet, der trainiert nicht nur die Geschmeidigkeit seines Körpers. Ein Yogi oder eine Yogini, so die weibliche Anrede, ist dazu angehalten, den Geist hinsichtlich Konzentration, Sammlung und Klarheit sowie das Herz in Sachen Hingabe, Mitgefühl und Liebe zu schulen. Wer beim Üben dabei hungrig wird, dem sei dieser wunderbar simple und unglaublich schmackhafte Gemüsetopf empfohlen, dessen Grundlage Gemüsebrühe ist, so dass er auch als »Suppe« durchgehen kann. In ihm finden sich viele Zutaten, allen voran Mandeln und Sellerie, die vor allem der Konzentration zuträglich sind, sowie Tofu, der wissenschaftlichen Studien zufolge vor Demenz schützen soll.

Die Tamari-Mandeln durfte ich übrigens erstmals im kalifornischen Meditationszentrum Spirit Rock kennenlernen, als ich dort an einem intensiven, vierwöchigen Meditationskurs teilnahm und nebenher auch noch als Zuköchin in der Küche arbeitete. Zuköche sind für das sogenannte »Mise en Place« der Zutaten zuständig, d.h. sie bereiten für die Hauptköche unter anderem das Gemüse vor, indem sie es waschen und nach den Wünschen der Köche schneiden und hacken. Die Köche in Spirit Rock arbeiten im Schichtbetrieb und verköstigen während eines Kurses mitunter bis zu 180 Yogis und Yoginis mit vegetarischen und veganen Leckereien aus aller Herren Ländern.

Damit wir alle während der langen Tage des vierwöchigen Kurses – schließlich praktizierten wir durchgehend, die Essenszeiten ausgenommen, von 5.30 Uhr morgens bis 21.45 Uhr abends im 45-minütigen Wechsel Geh- und Sitzmeditation – unsere Konzentration aufrechterhalten konnten, standen im Speisesaal stets Schüsseln mit Nüssen bereit. Manche wurden pur serviert, andere geröstet oder mit tollen Gewürzen überzogen. Mir hatten es die Tamari-Mandeln besonders angetan, und deswegen dürfen sie nun auch Einzug in ALL YOU NEED IS SOUP! halten.

ZUTATEN FÜR DIE MANDELN:

100 g ganze Mandeln, ungeschält
1–2 EL Tamarisoße, wahlweise Sojasoße

ZUTATEN FÜR DEN GEMÜSETOPF:

2 EL Olivenöl
1 Stück frischer Ingwer, ca. 20 g, geschält und fein geschnitten
1 Bund Frühlingszwiebeln, gewaschen und in feine Ringe geschnitten
optional:
1 frische rote Chilischote, gewaschen und in feine Ringe geschnitten
150 g Champignons, geputzt und in Scheiben geschnitten
4 Stangen Sellerie, ca. 300 g, gewaschen und in mundgerechte Stücke geschnitten
1 große rote Paprika, gewaschen, vom Stiel und den Kernen befreit und in mundgerechte Würfel geschnitten
300 g Rosenkohl, gewaschen, geputzt, vorab ca. 3 Minuten in kochendem Salzwasser blanchiert und anschließend mit kaltem Wasser abgeschreckt
300 ml Gemüsebrühe
Saft von ½ Bio-Zitrone und Zesten von 1 Bio-Zitrone (Schale vorher unter fließend heißem Wasser waschen)
200 g fester Tofu, in mundgerechte Stücke geschnitten
evtl. Salz und frisch gemahlener Pfeffer
»Tamariwasser« (siehe Zubereitung)
frische Sprossen zum Garnieren, z. B. Bambus- oder Radieschensprossen

AUSSERDEM:

1 beschichtete Pfanne, 1 großer Topf

Zubereitung:

Mit den Tamari-Mandeln beginnen. Die Pfanne trocken, also ohne Inhalt, auf dem Herd erhitzen. Dann die Mandeln zugeben und unter gelegentlichem Rühren 2–3 Minuten rösten. Mit Tamarisoße ablöschen und gleichzeitig die Pfanne vom Herd nehmen. Die Mandeln vom Boden der Pfanne lösen, in eine Schüssel füllen und abkühlen lassen.
Die Pfanne unter fließendes Wasser halten und ca. 1 cm hoch mit Wasser füllen. Jetzt kann sich zischend der Bodensatz lösen. Die Pfanne samt Inhalt beiseitestellen, denn das »Tamariwasser« kommt später in den Gemüsetopf.
Für den Gemüsetopf das Olivenöl in einem großen Topf erhitzen. Den Ingwer und die Frühlingszwiebeln 1–2 Minuten darin anbraten, wahlweise Chili zugeben.
Die Champignons zugeben und so lange unter gelegentlichem Rühren anbraten, bis sie sich bräunlich färben bzw. bis Wasser austritt. Erst dann den Staudensellerie und die Paprika zugeben und unter Rühren weitere 2 Minuten anbraten.
Jetzt den blanchierten Rosenkohl untermengen und mit der Gemüsebrühe ablöschen. Zitronensaft und -zesten unterrühren und die Suppe noch mal kurz aufkochen lassen. Anschließend die Hitze reduzieren und alles bei geschlossenem Deckel und auf mittlerer Flamme köcheln lassen, bis das Gemüse gar ist – es sollte aber schon noch Biss haben.
Zum Abschluss den Tofu und das »Tamariwasser« aus der Pfanne zugeben und sanft untermischen.
Den Herd ausschalten und den Poweryogatopf noch ca. 3 Minuten bei geschlossenem Deckel ziehen lassen.
Abschließend eventuell mit Salz und Pfeffer noch einmal abschmecken.
Zum Servieren die Suppe in geeignete Schalen oder Teller füllen. Tamari-Mandeln obenauf legen und mit Sprossen garnieren.

Sellerie entschlackt, hilft bei Verdauungsbeschwerden und ist ein Rundum-Heilpaket für den Körper. Er gibt dem Organismus neue Kraft und Energie. Rosenkohl ist ein wahrer Tausendsassa, der unter anderem dabei hilft, den Körper vor Entzündungen zu schützen und das Immunsystem zu stärken.

FRÖHLICHER LUNCH – DIE LEICHTE GUTE-LAUNE-POWERSUPPE FÜRS BÜRO:

KLARE KARTOFFELSUPPE »MUNICH STYLE« *mit Kümmel und Kräuterschmand*

Meine Kartoffelsuppe »Munich Style« entstand aus einer spontanen Idee heraus. Das kleine Café, in dem ich regelmäßig koche, liegt mitten im Herzen Münchens, und auf den Speisekarten der umliegenden Läden und Restaurants taucht natürlich regelmäßig auch eine deftige Kartoffelsuppe als Mittagsgericht auf. Klar, dass wir da mitziehen wollten, aber unsere Suppe sollte sich natürlich von den anderen abheben und vor allem »leicht und locker« daherkommen.

Unsere »Munich Style« wird mit Kümmel, edelsüßem Paprika und Majoran gekocht – klassische Gewürze in der bayerischen Küche. Für den Pfiff sorgen der Balsamicoessig und die Zitronenschale, was wiederum überhaupt nicht münchnerisch ist, aber beides gibt der Suppe eine leicht säuerliche Note – unabdingbar für eine Gute-Laune-Lunch-suppe, denn sauer macht ja bekanntlich lustig. Zudem sind die in den Kartoffeln enthaltenen Kohlenhydrate gut fürs Gehirn, und der Kümmel hilft beim Verdauen. Wenn das keine optimalen Voraussetzungen für eine »Bürosuppe« sind, dann weiß ich auch nicht!

Für Stilbrüche beim Essen ist unser Café übrigens schon seit Jahren bekannt, und gerade deswegen wohl auch von vielen Münchnern heiß geliebt. Unser oberstes Gebot lautet: Das Essen soll gut schmecken – das ist ja klar! –, aber auch glücklich und zufrieden machen. Unserer Chefin ist es außerdem wichtig, dass wir immer ein besonderes Schmankerl auf das Gericht obendrauf setzen, das sogenannte Topping. Bei unserer »Munich Style« ist es ein Kräuterschmand, der gleich zwei Fliegen mit einer Klappe schlägt, denn zum einen kann man ihn gut unter die Suppe rühren und zum anderen schmeckt er auch noch herrlich auf Brot.

KLEINER TIPP: Zutaten wie Lorbeerblätter oder Kräuterzweige, die vor dem Servieren wieder entfernt werden, tue ich in einen Teefilter aus Papier, der dann in den Topf kommt. Das macht es einfacher, sie nach dem Kochen wieder herauszufischen.

ZUTATEN FÜR DIE SUPPE:

2 EL Olivenöl
2 Schalotten, geschält und fein geschnitten
1 EL Tomatenmark
700 g vorwiegend festkochende Kartoffeln, geschält und in mundgerechte Stücke geschnitten
2 mittelgroße Möhren, ca. 250 g, geschält und in mundgerechte Scheiben geschnitten
1 gelbe oder rote Paprikaschote, gewaschen, von Stiel und Kernen befreit und in mundgerechte Stücke geschnitten
2 EL weißer Balsamicoessig, wahlweise Apfelessig
1,2 l Gemüsebrühe
2 getrocknete Lorbeerblätter
½ TL ganze Kümmelsamen
1 TL edelsüßes Paprikapulver
1 TL getrockneter Majoran
Zesten von ½ Bio-Zitrone (Schale vorher unter fließend heißem Wasser waschen)
Salz und frisch gemahlener Pfeffer

ZUTATEN FÜR DEN KRÄUTERSCHMAND:

100 g Schmand, wahlweise Magerquark, falls dir der Schmand zu fett ist
½ Bund Dill, gewaschen und fein gehackt
1 EL Schnittlauchröllchen
1 Msp. edelsüßes Paprikapulver
Salz und Pfeffer

AUSSERDEM:

1 großer Topf, 1 kleine Schüssel

Zubereitung:

Für die Suppe das Olivenöl in einem großen Topf erhitzen und die Schalotten darin glasig dünsten. Die Hitze auf mittlere Flamme reduzieren und das Tomatenmark zugeben. 1–2 Minuten unter ständigem Rühren anbraten, dann Kartoffeln, Möhren und Paprika zugeben und gut unterrühren. Mit weißem Balsamicoessig oder Apfelessig ablöschen, die Gemüsebrühe zugießen und die Suppe noch mal kurz aufkochen lassen.

Dann die Hitze erneut auf mittlere Flamme reduzieren und Lorbeerblätter, Kümmelsamen, Paprikapulver und Majoran zugeben. Das Ganze bei geschlossenem Deckel köcheln lassen, bis das Gemüse gar ist.

Währenddessen den Schmand in eine kleine Schüssel geben. Dill, Schnittlauch und Paprikapulver kräftig unterrühren und zum Schluss mit Salz und Pfeffer abschmecken. Beiseitestellen.

Wenn du den Kräuterschmand erst am nächsten Tag zur Arbeit mitnimmst, dann fülle ihn in eine verschließbare Dose oder in ein Schraubglas und lagere ihn über Nacht im Kühlschrank.

Ist das Gemüse gar, die Suppe vom Herd nehmen, die Zitronenzesten zugeben und alles mit Salz und Pfeffer abschmecken. Abschließend die Lorbeerblätter entfernen.

Willst du die Suppe erst am nächsten Tag verzehren, dann lasse sie ohne Deckel komplett auskühlen und stell den Topf dann – mit geschlossenem Deckel – in den Kühlschrank.

Möchtest du das gute Süppchen gleich testen, dann portionsweise in Teller füllen und obendrauf einen Klecks Schmand geben.

TIPPS: Dieser Kräuterschmand ist ein wahres Multitalent, denn du kannst ihn auch, wie bereits erwähnt, als **Brotaufstrich** verwenden! Nimm dir also in die Arbeit für deinen Lunch vorsichtshalber noch ein paar Scheiben Knäcke- oder Vollkornbrot mit.

Du kannst deine Suppe noch zusätzlich mit gerösteten **Sonnenblumenkernen** aufpeppen. Das ist gesund und schmeckt lecker!

Heil-
SUPPEN

Bei dem Wort Heilsuppen weiß sicher sofort jeder, was damit gemeint ist: flüssige Kraftspender mit heilenden Zutaten. Viele von uns tragen Kindheitserinnerungen an ebensolche Suppen wärmend in ihren Herzen, denn sie sind fast immer mit liebevollen Erfahrungen und Erlebnissen verknüpft: die erste heiße, klare Hühnerbrühe nach einer langen, langweiligen und kräftezehrenden Grippewoche, fürsorglich von der Mama in einer Tasse zum Trinken ans Bett gebracht. Oder die ungeliebte Haferschleimsuppe nach einer Magenverstimmung, bewacht von Großmutters Argusaugen und begleitet von ihrem gutmütigen Schimpfen, tapfer Löffel für Löffel hinuntergezwungen. Manchmal sind wir aber auch so krank, dass wir gar nichts mehr zu uns nehmen können, doch selbst dann kann eine liebevoll zubereitete Suppe Trost und Kraft spenden, und wenn es auch nur ihr Duft ist, der unsere Lebensgeister wieder zu wecken versucht.

Für viele Menschen tragen Suppen an sich schon Heilkräfte in sich, egal ob sie nun eine explizit heilsame Wirkung haben oder nicht, denn Suppen steigern so gut wie immer das Wohlbefinden und werden im wahrsten Sinne des Wortes »heiß geliebt« – und die Liebe an sich, das weiß schließlich jeder, heilt immer!

SCHNUPFENSUPPE: KRÄFTIGENDES HÜHNERSÜPPCHEN *mit Cranberrys, Sternanis, Orangenschale und Ingwer*

Als ich mir für einen ersten Probekoch-Durchlauf ein Suppenhuhn auf dem Münchner Viktualienmarkt besorgte, war es Ende November, es nieselte unablässig aus einer tiefhängenden, grauen Wolkendecke. Ein ungemütlicher Wind pfiff durch die Maschen meiner Strickmütze, und als ich endlich beim Geflügelstand ankam, tränten meine Augen, und meine Finger waren ohne Handschuhe ganz klamm. »Ein Suppenhuhn, bitte«, schlotterte ich der warm eingepackten Marktfrau entgegen. »Ja mei, jetzt kimmt a g'scheide Supp'n grad recht, gell?«, erwiderte diese freundlich. »Dann kriagn S' garantiert koan Schnupf'n bei dem Sauwetter!«
Zurück zu Hause, setzte ich dann meine Suppe auf, und bald zog ein leckerer, verheißungsvoller Duft durch die Wohnung, der mir allein schon das Gefühl vermittelte, allen Stürmen unbeschadet trotzen zu können.
Heiße Hühnersuppe bringe ich immer in Verbindung mit meiner Großmutter mütterlicherseits. Sie war, um ehrlich zu sein, keine sehr gute Köchin, aber ihre Hühnersuppe, die sie ausschließlich im Winter auf den Tisch brachte, schmeckte immer famos – mir jedenfalls. Dazu gab es in der Regel total zerkochte, schlabberige Suppennudeln, die der Rest der Familie nur notgedrungen und in ganz kleinen Mengen in ihre Suppenteller gab. Ich hingegen mochte Omis Nudeln irgendwie, vielleicht auch nur deswegen, weil so ein glückliches Lächeln auf ihrem Gesicht erschien, wenn ich mir eine Extraportion davon auftat.

Dieses Süppchen wird übrigens auf Vorrat gekocht, denn ein Suppenhuhn liefert ca. 2 l Brühe. Ich habe sie um einige heilsame Zutaten erweitert, damit sie wirklich jedem Schnupfen trotzen kann. Du kannst die fertige Brühe noch kochend heiß in sterilisierte Gläser mit Deckel füllen und an einem kühlen Ort lagern, du kannst sie nach dem Abkühlen auch portionsweise einfrieren.

KLEINER TIPP: Statt Möhren, Petersilienwurzel, Knollensellerie und Lauch einzeln zu kaufen, kannst du auch abgepacktes Suppengemüse nehmen, da sind diese vier Gemüsesorten enthalten.

ZUTATEN:
200 g Hühnerklein
1 Suppenhuhn, ca. 1,2–1,5 kg, innen und außen gewaschen
1 kräftiger Schuss Apfelessig, wahlweise Haushaltsessig
2 Möhren, ca. 200 g, gewaschen
1 kleine Petersilienwurzel, ca. 100 g, gewaschen, wahlweise Pastinake
1 kleines Stück Knollensellerie, ca. 100 g, gewaschen
1 Stück Lauch, ca. 100 g, gewaschen
1 Stange Sellerie, ca. 100 g, gewaschen und in grobe Stücke geschnitten
1 kleines Stück Bio-Ingwer, ca. 20 g, ungeschält und gewaschen
1 EL getrocknete Cranberrys (du kannst auch frische nehmen, die du dann aber zusammen mit der Orangenschale erst 30 Minuten vor Ende der Garzeit zugibst)
4 Pimentkörner
½ TL rote Pfefferkörner
2 getrocknete Lorbeerblätter
kaltes Wasser
1 getrockneter Sternanis
Zesten von 1 Bio-Orange (Schale vorher unter fließend heißem Wasser waschen)
1–2 TL Salz
evtl. Kurkuma

AUSSERDEM:
1 großer Topf (5 l oder 10 l), 1 große Schüssel, feinmaschiges Sieb

Zubereitung:
Zuerst das Hühnerklein in die leere Bauchhöhle des Suppenhuhns füllen und dann das Huhn zusammen mit allen anderen Zutaten, mit Ausnahme von Sternanis, Orangenschale, Salz und Kurkuma, in einen großen Topf legen. Kaltes (!) Wasser zugeben, bis das Huhn komplett bedeckt ist. Einmal aufkochen lassen, dann die Hitze auf mittlere Flamme reduzieren und die Brühe ca. 5 Stunden ohne Deckel sanft vor sich hin köcheln bzw. simmern lassen. Dabei zuerst den entstehenden Schaum und dann in regelmäßigen Abständen das Fett abschöpfen. Die Brühe nicht umrühren, damit sich Schaum, Trübstoffe und Fett an der Oberfläche absetzen können.
Nach 2 Stunden noch einmal 500 ml kaltes Wasser zugießen.
Nach 4 Stunden den Sternanis zugeben, 30 Minuten vor dem Ende der Garzeit die Orangenschale.
Nach 5 Stunden Huhn und Gemüse aus der Brühe heben. Das Gemüse entsorgen und das Huhn zum Auskühlen beiseitestellen. Das Fleisch ist eine gute Suppeneinlage und lässt sich auch prima anderweitig verwenden (zum Beispiel als Grundlage für Hühnerfrikassee).
Die Brühe nun vorsichtig durch ein feines Sieb in eine große Schüssel gießen. Erst jetzt salzen.
Falls du spürst, dass eine Erkältung im Anmarsch ist, fülle dir 300 ml von dieser Brühe in eine große Tasse ab, gib eine Prise gemahlene Kurkuma drüber und schlürfe das Süppchen langsam und genüsslich.

Die stärkende Wirkung von Ingwer und Orange bzw. Zitrusfrüchten aller Art kennt jedes Kind, wenn es darum geht, sich eine Erkältung vom Leib zu halten. Sternanis wirkt, genau wie Kurkuma, antibakteriell und wird seit jeher in Form von Tee bei Erkrankungen der Atemwege eingesetzt.
Die Cranberry, zu Deutsch Moosbeere, hat erst vor kurzem so richtig Einzug in unsere europäischen Küchen gehalten. Neben ihrem hohen Vitamin-C-Gehalt hat sie unter anderem noch eine weitere, vielleicht nicht ganz so bekannte Heilwirkung in petto: Sie wirkt entzündungshemmend bei Blasenentzündungen.

BAUCHWEHSUPPE: *Omas garantiert leckere* HAFERSCHLEIMSUPPE

Haferschleimsuppe in ein Suppenkochbuch aufzunehmen ist ziemlich mutig, denn ich kenne wirklich niemanden in meinem Bekannten- und Freundeskreis, geschweige denn in meiner Familie, der sie freiwillig essen würde. Für ALL YOU NEED IS SOUP! bin ich einen Kompromiss eingegangen, den meine Oma väterlicherseits – meine Omi mütterlicherseits hast du gerade eben im Kapitel über die Schnupfensuppe kennengelernt – auch immer auf Lager hatte, damit ihre Kinder und Enkelkinder beim Anblick der Suppe nicht sofort schreiend davonliefen. Allerdings bekamen wir diese »aufgemotzte« Suppe erst, wenn wir uns schon auf dem Weg der Besserung befanden. Bei richtig dollem Bauchweh oder bei einer üblen Magenverstimmung musst du leider nach wie vor in den sauren Apfel beißen und deine Haferschleimsuppe pur essen.
Um ehrlich zu sein, Omas aufgepeppte Version schmeckte eigentlich sogar richtig gut, vor allem, wenn sie einen zusätzlichen Löffel Zimt und Zucker drüberstreute. Sie erzählte uns dabei immer vom Krieg und wie arm und hungrig die Menschen damals gewesen sind. Manchmal hatten die Leute, und vor allem die Kinder, sogar Bauchweh vor lauter Hunger. In diesen schweren Zeiten kochte sie gelegentlich für ihre Familie, genau wie im folgenden Rezept auch, Suppe aus Hafergrütze – und nicht aus Haferflocken, wie wir das eigentlich kennen. Suppe aus Hafergrütze hat mehr Biss und ist nicht ganz so schleimig wie ihr Pendant aus Haferflocken. Uns Enkelkinder haben ihre Erzählungen jedenfalls immer schwer beeindruckt, und die hungernden Menschen haben uns dabei so unendlich leidgetan, dass wir meistens still und brav und ohne zu murren unsere Suppe gegessen haben und uns hin und wieder sogar eine kleine Träne verstohlen von der Wange wischen mussten.
Du kannst für die Suppe natürlich auch ganz normale Haferflocken verwenden, falls du keine Hafergrütze auftreiben kannst. Die Suppe schmeckt übrigens auch als Frühstückssuppe sehr gut – du kannst dich dabei von »Buddhas Frühstückssüppchen« inspirieren lassen und deine Haferschleimsuppe zum Beispiel mit Nüssen und Obst verfeinern. Honig oder Ahornsirup machen sich statt Zimt und Zucker übrigens auch recht gut.
Das Rezept ist für 1 Person zum Sattessen.

ZUTATEN:

50 g Hafergrütze (mittlere Körnung)
20 g Butter, wahlweise Ghee – das ist bekömmlicher
1 Prise Salz
2 EL flüssige Sahne
1 Eigelb
evtl. 1 TL Zimt-Zucker-Gemisch

AUSSERDEM:

feinmaschiges Sieb, 1 Topf, 1 kleine Schüssel

Zubereitung:

Die Hafergrütze in ein Sieb geben und unter fließend kaltem Wasser waschen, kurz abtropfen lassen. Die Butter bzw. das Ghee in einem Topf erhitzen und die Hafergrütze kurz unter ständigem Rühren darin anrösten. Mit 500 ml Wasser ablöschen und aufkochen lassen. 1 Prise Salz zugeben, die Hitze auf kleine Flamme reduzieren und die Suppe ca. 40 Minuten bei geschlossenem Deckel sanft köcheln lassen. Dabei gelegentlich umrühren, damit die Grütze nicht am Topfboden festklebt. Anschließend die Sahne in einer kleinen Schüssel mit dem Eigelb verrühren und unter die Suppe ziehen. Dadurch wird die Suppe sämiger und schmeckt auch besser. Falls dir die Suppe dadurch aber zu dickflüssig wird, kannst du noch etwas Wasser zufügen. Zum Anrichten die Suppe in eine geeignete Schale füllen und nach Belieben Zimt und Zucker darübergeben.

Bei Magen- oder Darmstörungen ist allerdings, wie eingangs erwähnt, die Haferschleimsuppe ohne jegliche Zutat am effektivsten und heilsamsten. Also lediglich die in Butter geröstete Hafergrütze mit Wasser ablöschen, leicht salzen und sanft gar köcheln lassen. Die Haferschleimsuppe meiner Mama war sogar noch einfacher: Sie streute einfach Haferflocken in Wasser und ließ das Ganze köcheln.
1 Prise Salz dazu – fertig! IGITT!
Bei Erkrankungen, die mit Fieber einhergehen, rührte meine Oma pro Portion noch 1 Teelöffel Zitronensaft unter die Suppe.

DER DARMSANIERER:
AYURVEDISCHE REINIGUNGSSUPPE *für einen gesunden Darm*

Dieses Suppenrezept stammt von Ramesh, einem Koch aus Sri Lanka, den ich vor einigen Jahren in Kalifornien kennengelernt habe. Er machte mich mit den Grundkenntnissen des Ayurveda vertraut. Ich hätte damals nie gedacht, dass eine schlichte Reis-Linsen-Suppe so lecker schmecken kann – ich konnte nach dem Probekochen gar nicht mehr aufhören zu essen und landete mit vollem Bauch auf dem Sofa. Das ist natürlich nicht Sinn der Sache, aber wenigstens bekommt man kein schlechtes Gewissen, wenn man beim »Darmsanierer« über die Stränge schlägt!

Dem Darm wird nicht nur im Ayurveda eine maßgebliche Rolle in Sachen Gesundheit zugesprochen. In ihm sitzt buchstäblich unsere Lebensenergie; ein stabiler, gut arbeitender Darm mobilisiert unsere Abwehrkräfte und ist die Grundvoraussetzung für einen gesunden, kräftigen Körper.

Unser »Darmsanierer« ist genau genommen eine Darmaufbausuppe, die nach einer klassischen Darmreinigungskur, die sich über mehrere Tage hinziehen kann, gegessen wird. Du kannst sie aber dennoch ohne Probleme auch einfach als kleine Reinigungskur zwischendurch in deinen Alltag, zum Beispiel am Wochenende, einbauen. In dem Fall ist es gut, wenn du ausschließlich diese Suppe – und nichts anderes! – an zwei aufeinanderfolgenden Tagen isst, so kann der Darm gründlich entschlacken und sich erholen. Viel trinken nicht vergessen! Kräutertees, wie Fenchel oder Anis, heißes Wasser und verdünnte Fruchtsäfte unterstützen deine Mini-Darmkur.

Bei einer klassischen Darmreinigungskur wird in den ersten Tagen aber lediglich eine dünne Reissuppe, wie sie als Basis zu »Buddhas Frühstückssüppchen« beschrieben wird, gegessen. Erst danach nimmt man »Khichary«, wie diese sämige, eher dickflüssige Suppe im Ayurveda genannt wird, zu sich. »Khichary« kommt aus dem Hindi und heißt übersetzt »Mischmasch«.

Das Rezept ist für 1 Person für eine 2-Tage-Kur berechnet.

ZUTATEN:
100 g Basmatireis
50 g gelbe Orient-Linsen
½ TL Kreuzkümmelsamen
½ TL Fenchelsamen
½ TL Koriandersamen
1 EL Ghee
1,2 l Wasser
1 Msp. Kurkuma
Saft von ½ Zitrone
1 TL Himalayasalz bzw. Steinsalz

AUSSERDEM:
feinmaschiges Sieb, 1 kleine beschichtete Pfanne, 1 Schüssel, Mörser, 1 Topf

Zubereitung:
Reis und Linsen in einem Sieb unter fließend kaltem Wasser waschen und anschließend abtropfen lassen.
Eine kleine beschichtete Pfanne trocken auf dem Herd erhitzen, den Reis und die Linsen zugeben und unter Rühren leicht anrösten. Wenn ein zarter Duft aufsteigt, die Pfanne vom Herd nehmen und das Reis-Linsen-Gemisch vorübergehend in eine bereitgestellte Schüssel füllen.
Die Pfanne zurück auf den Herd stellen und erneut erhitzen. Ist sie heiß, die Hitze auf kleine Flamme reduzieren und die Gewürzsamen zugeben. Sanft rösten, dabei immer wieder umrühren, bis auch hier ein zarter Duft aufsteigt.
Die Pfanne vom Herd nehmen und die Gewürze im Mörser zu einem feinen Pulver verarbeiten.
Das Ghee in einem geeignet großen Topf erhitzen. Das frisch gemörserte Gewürzpulver zugeben und 1 Minute lang anrösten.
Anschließend den Reis und die Linsen zugeben, gut unterrühren und mit dem Wasser aufgießen. Die Hitze auf kleine bis mittlere Flamme reduzieren und das Ganze bei geschlossenem Deckel ca. 30 Minuten gar köcheln lassen.
Zum Schluss Kurkuma und den Zitronensaft unterrühren und mit Himalayasalz abschmecken.

TIPPS: Der »Darmsanierer« zieht über Nacht im Kühlschrank Wasser, du musst also am zweiten Tag der Kur beim Aufwärmen der Suppe noch mal ein bisschen Wasser nachgießen.
Die Suppe kann auch mit Gemüse, wie Fenchel oder Möhren – einfach rein in den Topf und mitkochen –, angereichert und durch die Zugabe von Chili und Ingwer geschmacklich noch etwas aufgepeppt werden.

DIE LEBER DANKT: KALTE »GURKENSUPPE«
mit Buttermilch und Honig

Genau genommen handelt es sich bei nachstehender »Suppe« um einen sogenannten »Smoothie«, aber Rosi, die alte Bäuerin, die mir dieses Rezept verraten hat, käme sicher nie auf die Idee, ihr Leberreinigungs-Elixier, auf das sie so schwört, so zu bezeichnen – ich bezweifle sogar, dass sie das Wort überhaupt kennt. Rosi löffelt ihre »Gurkensuppe« morgens auf nüchternen Magen, weil sich dann ihrer Meinung nach die heilsame und entgiftende Wirkung am besten entfalten kann, aber sie schmeckt so lecker, dass man sie locker auch mal zwischendurch essen bzw. trinken kann. Die »Suppe«, also der »Smoothie«, wird nicht erhitzt und wirkt im Sommer neben den reinigenden Eigenschaften auch noch herrlich erfrischend.

Ich habe Rosi vor vielen Jahren im Rahmen einer Buchrecherche kennengelernt. Damals war ich im bayerischen Voralpenland unterwegs, um alte, bäuerliche Heilrezepte in Form von Kräuterelixieren, Tees, heilsamen Wickeln und eben allem, was die Natur so zu bieten hat, zu sammeln. Rosi lebte damals den Sommer über auf einer idyllisch gelegenen Alm. Sie versorgte ihre Kühe und Kälber und wanderte nach getaner Arbeit über die Wiesen und durch die Bergwälder, um nach Heilkräutern zu suchen. Rosis Kühe gaben herrlich würzige Milch, und bei meinem ersten Besuch servierte sie mir ein Glas frische Buttermilch, die gänzlich anders aussah als jene, die man im Supermarkt kaufen kann. Rosis Buttermilch war viel wässriger und sah irgendwie aus wie Kefir, also leicht rosa bzw. bräunlich trüb eingefärbt. Ich ekelte mich ein bisschen, aber ich wollte meine Gastgeberin nicht beschämen, also fasste ich mir ein Herz und trank zuerst zögernd, aber dann mit wachsender Begeisterung. Es schmeckte köstlich. Niemals zuvor hatte ich eine bessere Buttermilch gekostet.

Rosi beobachtete mich, während ich gierig die Milch trank, lächelnd und sichtlich stolz, und als ich das Glas bis zur Neige geleert hatte, erzählte sie mir von ihrer alljährlichen Leberkur, die du nun auch kennenlernen wirst und die sie traditionell immer im Frühjahr startet.

Das Rezept ist für 1 Person berechnet.

ZUTATEN:

200 ml Buttermilch

¼ Bio-Salatgurke, ca. 100 g, gewaschen und in grobe Stücke geschnitten (die Schale bleibt dran, es ist also besonders wichtig, dass es eine Bio-Gurke ist)

1 TL Honig

AUSSERDEM:

Pürierstab oder Küchenmaschine, Glas

Zubereitung:

Alle Zutaten fein miteinander pürieren oder in einer Küchenmaschine zu einem sämigen Smoothie mixen. Zum Servieren in ein großes Glas füllen.

TIPP: Rosi hat mir erzählt, dass in den **Kernen der Salatgurke** die meisten Kräfte stecken sollen, um die Leber zu reinigen und zu entgiften. Manchmal, wenn sie keine Lust auf Buttermilch hat, entkernt sie einfach eine Gurke mit einem Löffel, schabt sie also heraus. Dann mischt sie in einer kleinen Schüssel 2 Esslöffel Kerne mit 1 Esslöffel Sauerrahm und gibt ½ Teelöffel Honig dazu. Dieses Gemisch isst sie dann auf nüchternen Magen.

CANCER-FIGHTING-SOUPS –
Mit leckeren Suppen dem Krebs Paroli bieten

SCHWARZE-BOHNEN-SUPPE
mit Avocadocreme

Im Jahr 2010 lebte ich drei Monate lang in den USA, um unter anderem die Kunst des achtsamen Kochens zu erlernen. Im Rahmen meiner Recherchen lernte ich Waz, den damaligen Leiter eines renommierten Krebszentrums an der Pazifikküste nahe San Francisco kennen. Das Commonweal Retreat Center bietet Meditationskurse und Seminare ausschließlich für Krebspatienten an. Dabei werden die Gäste vor allem auch kulinarisch liebevoll betreut und umsorgt. Laut den Commonweal-Köchen vermindert der Verzehr von schwarzen Bohnen das Risiko, an Bauchspeicheldrüsen-, Brust- und Prostatakrebs zu erkranken. In Kombination mit Avocado, einer Frucht, die voller Mineralien und Vitamine steckt, ergibt die Suppe ein wahres Powerpaket. Kurkuma, genau wie Cayennepfeffer, ist schon seit längerem für ihre heilende Wirkung bei Krebs bekannt, und dunkle Schokolade mit ihrem hohen Kakaoanteil enthält sogenannte Flavanole, die unser Herz gesund erhalten. Sie passt super zu schwarzen Bohnen, Zimt, Kurkuma und Kreuzkümmel und macht die Suppe noch runder im Geschmack.

ZUTATEN FÜR DIE SUPPE:
500 g schwarze Bohnen, über Nacht in kaltem Wasser eingeweicht und anschließend in reichlich Wasser weich gekocht (Vorsicht: Das Garwasser nicht salzen, sonst bleiben die Bohnen hart!)
2 EL Olivenöl
2 mittelgroße Zwiebeln, geschält und fein geschnitten
2 Knoblauchzehen, geschält und fein geschnitten
1 EL Tomatenmark
3 mittelgroße rote bzw. gelbe Paprikaschoten, gewaschen, vom Stiel befreit, entkernt und in mundgerechte Stücke geschnitten
1 TL Kreuzkümmelsamen
1 Zimtstange
3–4 getrocknete Lorbeerblätter
2–3 TL Oregano
1 Dose stückige Tomaten à 400 g
900 ml Gemüsebrühe
2 Rippchen dunkle Schokolade, mindestens 60% Kakaoanteil
Saft und Zesten von 1 Bio-Limette (Schale vorher unter fließend heißem Wasser waschen)
1 Msp. Zimtpulver
½ TL Kurkuma
1–2 Spritzer Worcestersoße
Szechuanpfeffer
1 EL frisches Koriandergrün, gewaschen und samt Stielen fein gehackt
Salz und frisch gemahlener Pfeffer

ZUTATEN FÜR DIE AVOCADOCREME:
1 reife Avocado
1 Knoblauchzehe, geschält und fein geschnitten
1 EL Koriandergrün, gewaschen und fein gehackt
2–3 Spritzer Limettensaft
Zesten von ½ Bio-Limette (Schale vorher unter fließend heißem Wasser waschen)
Meersalz
Cayennepfeffer

AUSSERDEM:
1 Topf, 1 Schüssel

Zubereitung:
Die Bohnen abtropfen lassen. Das Öl in einem großen Topf erhitzen. Zwiebeln und Knoblauch zugeben und andünsten, bis die Zwiebeln glasig sind.
Das Tomatenmark unterrühren und 1–2 Minuten mit anbraten. Dann Paprikastücke, Kreuzkümmelsamen und Zimtstange hinzufügen; alles 2–3 Minuten dünsten lassen. Anschließend die abgetropften Bohnen zusammen mit den Lorbeerblättern und dem Oregano unterrühren und mit den stückigen Tomaten aus der Dose aufgießen.
Gut umrühren und mit der Gemüsebrühe aufgießen; kurz aufkochen lassen.
Die Schokolade zugeben, gleichzeitig die Hitze auf mittlere Flamme reduzieren und die Suppe noch ca. 10 Minuten köcheln lassen. Anschließend mit Limettensaft und -zesten, Zimtpulver, Kurkuma, Worcestersoße und Szechuanpfeffer würzen. Zum Schluss das Koriandergrün unterrühren.
Die Suppe vom Herd nehmen und bei geschlossenem Deckel weitere 10 Minuten ziehen lassen, dann die Zimtstange und die Lorbeerblätter entfernen.
Vor dem Servieren mit Salz und Pfeffer abschmecken.
Während die Suppe zieht, alle Zutaten für die Avocadocreme nacheinander in eine Schüssel geben. Dabei die Avocado mit einer Gabel kräftig zerdrücken und alles gut miteinander verrühren, so dass eine feine Creme entsteht.
Die Suppe jeweils mit 1 Esslöffel Avocadocreme garnieren. Obendrauf 1 Prise Cayennepfeffer geben.

TIPP: Reste von der Avocadocreme kannst du gut im Kühlschrank aufbewahren und anderweitig, zum Beispiel als Brotaufstrich, verwenden. Damit sich die Creme dann nicht braun färbt, einfach einen Avocadokern hineinlegen.
Du kannst die Suppe auch mit Tortilla Chips servieren.

LEICHTES ZUCCHINISÜPPCHEN

mit frischer Minze und Pistazien

Diese leckere Suppe wurde an dem Tag, als ich das Commonweal Retreat Center (siehe vorherige Suppe) erstmals besuchte, zum Mittagessen serviert. Ich durfte mich natürlich auch mit an den gedeckten Tisch setzen und war so begeistert von dem mir ganz neuen Geschmack einer sonst eher simplen Zucchinisuppe, dass ich mich gleich nach dem Rezept erkundigte.

Für ALL YOU NEED IS SOUP! habe ich ein paar Korrekturen vorgenommen, indem ich zum Beispiel als Basis die »Schnupfensuppe« verwende und Petersilienwurzel und Kurkuma zusätzlich mit ins Rezept aufgenommen habe. Ich finde, dass vor allem die Schnupfenbrühe mit ihrer leichten Ingwer-Orangen-Note und den Cranberrys super zur Suppe passt, und die Petersilienwurzel verleiht der Suppe zusätzlich ein bisschen mehr Geschmack und Würze. In Commonweal wurde eine einfachere, aber natürlich auch selbstgekochte Hühnerbrühe verwendet. Du kannst die Suppe selbstverständlich auch mit Gemüsebrühe kochen und die Petersilienwurzel ganz weglassen. Statt Zitrone im Originalrezept fiel meine Wahl auf Limette, weil ich finde, dass sie generell vom Geschmack her besser mit der Zucchini harmoniert.

Diese Suppe ist eigentlich keine ausgesprochene Heilsuppe, aber mir wurde erklärt, dass vielen Krebskranken das Essen überhaupt sehr schwerfällt, sei es weil sie entweder keinen Appetit haben, die Nahrung wegen ständiger Übelkeit nicht bei sich behalten können oder weil ihr Magen nicht mehr so gut verdauen kann. Aus diesem Grund kommen Zucchini in allen Variationen in Commonweal relativ häufig auf den Tisch. Sie sind leicht verdaulich und belasten den Körper kaum. Pürierte Suppen können zudem auch all jene essen, die mit dem Kauen und Schlucken Schwierigkeiten haben. Ein paar heilsame Zutaten sind natürlich dennoch im Süppchen, allen voran Kurkuma und die milden Chiliflocken, die bei Krebs – aber auch zur Vorbeugung gegen Krebs – wahre Wunder vollbringen sollen. Oregano gilt als natürliches Antibiotikum, wirkt beruhigend auf die Verdauungsorgane und entzündungshemmend auf die Mundschleimhäute. Eine der häufigsten Nebenwirkungen bei Krebsbehandlungen sind nämlich schmerzhafte Entzündungen in Mund und Rachen. Pfefferminze hilft bei Brechreiz und Durchfall, beides ebenfalls häufige Begleiterscheinungen vieler schulmedizinischer Krebsbehandlungen. Ein wahrer Tausendsassa ist aber die Pistazie. Sie ist voller Vitamin E, das freien Radikalen entgegenwirkt und somit schon im Vorfeld dabei hilft, Krebserkrankungen zu verhindern.

ZUTATEN:

2 EL Olivenöl
2 Schalotten, geschält und fein geschnitten
1 Knoblauchzehe, geschält und fein geschnitten
2 mittelgroße mehligkochende Kartoffeln, ca. 400 g, geschält und in Stücke geschnitten
1 Petersilienwurzel, ca. 100 g, geschält und in Stücke geschnitten
3 mittelgroße Zucchini, ca. 650 g, gewaschen und in Stücke geschnitten
850 ml »Schnupfensuppe« (Rezept S. 42)
½ TL milde, getrocknete Chiliflocken (Am besten schmeckt die Suppe mit geräucherten Chilischoten, die anschließend getrocknet und dann zu Flocken verarbeitet werden. Sie stammen ursprünglich aus Mexiko, und in Kalifornien bekommt man sie fast überall. Bei uns sind sie leider nur sehr selten zu finden.)
½ TL Kurkuma
1 gehäufter TL getrockneter Oregano
1 EL Sojasoße
Saft und Zesten von ½ Bio-Limette (Schale vorher unter fließend heißem Wasser waschen)
Meersalz
frisch gemahlener Pfeffer
1 Prise Muskat
2 EL frische Minzeblätter, gewaschen und fein gehackt
60 g ungesalzene Pistazienkerne (gibt es fertig verpackt und schon ohne Schale im Supermarkt), fein gehackt

AUSSERDEM:

1 Topf, Pürierstab, 2 kleine Schüsseln

Zubereitung:

Das Olivenöl in einem ausreichend großen Topf erhitzen. Schalotten und Knoblauch zugeben und so lange dünsten, bis die Schalotten glasig sind. Dann Kartoffeln und Petersilienwurzel zugeben und kurz unter kräftigem Rühren anbraten. Schließlich die Zucchini hinzufügen, unterrühren und das Ganze mit der Brühe aufgießen. Einmal kurz aufkochen lassen und dann auf kleiner bis mittlerer Flamme mit leicht geöffnetem Deckel köcheln lassen, bis das Gemüse gar ist. Anschließend Chiliflocken, Kurkuma, Oregano und Sojasoße zugeben. Die Suppe vom Herd nehmen und mit Hilfe eines Pürierstabs fein pürieren. Zum Schluss Limettensaft und -zesten zugeben und alles mit Meersalz, frischem Pfeffer und Muskat abschmecken.
Die Minzeblätter und die Pistazienkerne jeweils gesondert in ein kleines Schüsselchen geben und auf den Tisch stellen, damit jeder sich nach Gusto bedienen und seine Suppe damit krönen kann. Die Suppe in passende Teller oder Schalen füllen und servieren.

TIPP: Du kannst die **Pistazienkerne** auch, bevor du sie zerkleinerst, trocken in der Pfanne rösten, dann kommt ihr Aroma noch mehr zur Geltung.

GERÖSTETE-SÜSSKARTOFFEL-SUPPE

mit Ziegenkäse-Walnuss-Topping

Auch dieses Rezept stammt in seiner Urfassung aus Commonweal, dem bereits erwähnten Krebs-Retreatzentrum in Kalifornien. Dort arbeiten die Köche sehr häufig mit Süßkartoffeln.

Ihre Färbung verdankt diese Knolle, die genau genommen gar keine Kartoffel, sondern ein Windengewächs ist, bestimmten Pflanzenstoffen wie etwa den Carotinoiden, die auch in Möhren und in roten Chilischoten zu finden sind, sowie Anthocyanen. Anthocyane sind hochwirksame Pflanzenstoffe, die freie Radikale entlarven und somit über entzündungshemmende und eine sogenannte antioxidative Wirkung verfügen. Carotinoide zählen übrigens zur Gruppe der Antioxidantien und wirken ebenfalls vorbeugend gegen Krebs.

Seit ich Commonweal 2010 einen Besuch abgestattet habe, befolge ich übrigens strikt den Ratschlag der dortigen Ernährungsexperten, jeder Mahlzeit Kurkuma, und sei es nur eine winzige Prise, beizufügen, weil das darin enthaltene Curcumin als krebshemmend gilt. Es versteht sich also von selbst, dass wir unsere Süßkartoffelsuppe ebenfalls mit diesem Wundermittel der Natur würzen werden.

ZUTATEN FÜR DIE SUPPE:

ca. 600 g Süßkartoffeln, mit Schale gewaschen und in grobe Spalten geschnitten
1 Möhre, ca. 100 g, geschält und längs halbiert
2 große mittelscharfe Chilischoten (wer es mag, gerne auch schärfer!), gewaschen, nach Belieben von den Kernen befreit
3–4 EL Erdnuss- oder Sesamöl (falls du allergisch auf beide Öle reagierst, kannst du auch Sonnenblumenöl verwenden)
1 Prise Zimt
½ TL Kurkuma
Meersalz
1 kleine rote Zwiebel, geschält und fein geschnitten
1 kleines Stück frischer Ingwer, ca. 10 g, geschält und fein geschnitten
ca. 1 l Gemüsebrühe
200 ml Orangensaft
Saft und Zesten von 1 Bio-Limette (Schale vorher unter fließend heißem Wasser waschen)
Sojasoße, wahlweise Worcestersoße
Salz und frisch gemahlener Pfeffer

ZUTATEN FÜR DAS TOPPING:

100 g Ziegenweichkäse
ca. 50 g geschälte Walnüsse, fein gehackt
1 Prise Cayennepfeffer
Salz und Pfeffer zum Abschmecken
optional: 1 frische Chilischote, gewaschen und in feine Ringe geschnitten

AUSSERDEM:

Backblech, Backpapier, 1 große Schüssel, 1 Topf, Pürierstab

Zubereitung:

Den Backofen auf 200 Grad Umluft bzw. 220 Grad Ober-/Unterhitze vorheizen. Ein Backblech mit Backpapier auslegen. Die Süßkartoffeln zusammen mit den Möhrenhälften und den beiden Chilischoten in eine große Schüssel geben und gut mit 2–3 Esslöffeln Öl, Zimt, Kurkuma und Meersalz vermengen – das geht am besten mit gewaschenen Händen! Anschließend das Ganze gleichmäßig auf dem Backblech verteilen und auf mittlerer Schiene ca. 20–25 Minuten im Ofen knusprig backen.

Währenddessen das Ziegenkäse-Walnuss-Topping zubereiten: Den Ziegenweichkäse und die fein gehackten Walnüsse in einer Schüssel gut miteinander verrühren. Mit Cayennepfeffer, Salz und Pfeffer abschmecken. Bis zum Servieren beiseite-, aber nicht kühl stellen, sonst wird das Ganze zu hart. Wahlweise mit Chiliringen garnieren.

Ist das Gemüse gar, das Backblech aus dem Ofen nehmen und leicht auskühlen lassen. Die Chilischoten entfernen. Dann 1 Esslöffel Öl in einem großen Topf erhitzen, Zwiebeln und Ingwer darin anbraten. Süßkartoffeln und Möhren (gegebenenfalls vorab mit einem Messer etwas zerkleinert) zugeben und kräftig umrühren. Gemüsebrühe und Orangensaft zugeben, kurz aufkochen lassen, dann die Hitze reduzieren und die Suppe ca. 5 Minuten köcheln lassen. Anschließend alles fein pürieren. Ist die Suppe zu dick, noch etwas Gemüsebrühe zugeben.

Zum Schluss Limettensaft und -zesten unterrühren und mit Soja- bzw. Worcestersoße, Salz und Pfeffer gut abschmecken.

Zum Servieren die Suppe in tiefe Teller oder Schalen geben, mit jeweils einem Klacks Topping garnieren und obendrauf, wenn du möchtest, etwas frischen Chili geben.

Wellness-SUPPEN

Wellnesssuppen helfen dem Körper, sich von innen heraus zu erneuern. Unsere Zellen tanken auf, der Darm entschlackt, und Fett wird verbrannt. Zudem kann uns zum Beispiel eine gut verdauliche und dennoch sättigende Frühstückssuppe zu einem energiegeladenen Start in den Tag verhelfen – und auf eine klassische Misosuppe in Sachen Wohlbefinden schwören unsere Freunde aus dem Land der aufgehenden Sonne eh schon seit Jahrhunderten. Wellnesssuppen sind, ähnlich wie die Powersuppen in ALL YOU NEED IS SOUP!, wahre Kraftspender, ohne jedoch den Organismus unnötig zu belasten.

Schön schlank – Diätsuppen

SCHATZ, DER MÜLL MUSS RAUS! – ENTSCHLACKUNGSSUPPE: SAUERAMPFER-SUPPE *mit frischer Brunnenkresse und Radieschensalat-Topping*

Mit Sauerampfer habe ich schon als ganz kleines Mädchen im Sandkasten gekocht. In kleinen Töpfchen und Tiegelchen zauberten meine Schwester und ich ganze Menüs für unsere Eltern. Wir rührten Sand und Erde mit Wasser an und buken daraus leckere Kuchen. Oder wir rupften Gras und Sauerampfer klein und »kochten« beides in Wasser zu einer Suppe. Wenn alles fertig war, lief ich geschäftig zu meiner Mutter, die sich auf einer Liege in unserer Nähe sonnte, und betete ihr aufgeregt das Menü des Tages herunter. Sie bestellte immer die komplette Speisekarte rauf und runter und lobte unsere Gerichte anschließend in den höchsten Tönen. Wenn sie fertig gegessen hatte, bezahlte sie uns mit Kieselsteinen oder Murmeln, die wir ihr vorher schon abgezählt in die Hand gedrückt hatten – und manchmal gab es als Trinkgeld ein echtes Bonbon oder ein Eis obendrein.

Der herb-saure Geschmack von wild wachsendem Sauerampfer – selbstverständlich verkosteten meine Schwester und ich unser »Suppengemüse« immer, bevor es in den Puppenkochtopf wanderte – zählt zu meinen lebhaftesten Kindheitserinnerungen.

Dem Sauerampfer wird übrigens seit jeher eine entschlackende Wirkung bescheinigt. Ähnlich wie die Brennnessel, die in Suppen viel öfter Verwendung findet als der Sauerampfer, wirkt er blutreinigend und harntreibend auf unseren Körper. Außerdem hilft er bei Durchfall und Verdauungsbeschwerden.

ZUTATEN FÜR DIE SUPPE:

30 g Butter
2 mittelgroße mehligkochende Kartoffeln, ca. 300 g, geschält und in grobe Würfel geschnitten
1 Stange Lauch, ca. 250 g, gewaschen und in feine Ringe geschnitten
1 mittelgroße Zwiebel, geschält und fein geschnitten
2 Bund Sauerampfer, gewaschen, Stiele von den Blättern getrennt und jeweils fein geschnitten
800 ml Gemüsebrühe
Salz und frisch gemahlener Pfeffer
1 Prise Muskat
1 TL frisch gepresster Zitronensaft
optional: 100 g Crème fraîche (Eigentlich wollen wir ja mit dieser Suppe schön entschlacken, aber mit Crème fraîche schmeckt sie richtig fein!)
2 EL frische Brunnenkresse, gewaschen und grob geschnitten

ZUTATEN FÜR DAS RADIESCHEN-TOPPING:

1 Bund Radieschen, vom Grün befreit, gewaschen, geputzt und grob geraspelt
2 EL Schnittlauchröllchen
1–2 Spritzer Zitronensaft
Salz und frisch gemahlener Pfeffer

AUSSERDEM:

1 Topf, 1 Schüssel, Pürierstab, Reibe

Zubereitung:

Die Butter in einem Topf erhitzen. Kartoffeln, Lauch, Zwiebeln und die geschnittenen Sauerampferstiele darin andünsten. Die Gemüsebrühe zugeben und das Gemüse zugedeckt auf mittlerer Flamme in 10–12 Minuten weich köcheln.
Währenddessen den Radieschensalat zubereiten. Dafür die geraspelten Radieschen in einer Schüssel mit den Schnittlauchröllchen vermengen und mit Zitronensaft, Salz und Pfeffer abschmecken. Beiseitestellen und mindestens 10 Minuten durchziehen lassen.
Sind die Stiele gar, die Sauerampferblätter zur Suppe geben und auf kleiner Flamme ca. 5 Minuten mitköcheln lassen. Anschließend die Suppe vom Herd nehmen und mit dem Pürierstab fein pürieren. Abschließend mit Salz, Pfeffer, Muskat und Zitronensaft abschmecken. Gegebenenfalls Crème fraîche unterrühren.
Zum Servieren die Suppe in bereitgestellte Teller füllen und jeweils mit einem Löffel Radieschensalat und frischer Brunnenkresse garnieren.

MEDITATIVER START IN DEN TAG – BUDDHAS FRÜHSTÜCKSSÜPPCHEN:
REISSUPPE *mit gedünstetem Obst und Nüssen*

Ich verbringe jedes Jahr mehrere Wochen in buddhistischen Klöstern in Europa oder Asien, um dort in Ruhe zu meditieren und wieder Kraft für den Alltag zu tanken. Die Kost in einem traditionellen Kloster ist einfach und leicht, aber trotzdem nahrhaft, schließlich soll das Essen die Mönche und Nonnen in ihrer Meditationspraxis unterstützen. Ein allzu voller Bauch würde beim Meditieren nur müde machen, und ein hungriger Magen wäre auch nicht sehr hilfreich für die Konzentration. Buddhas Frühstückssuppe ist da ein wunderbarer Einstieg in den Tag. Je länger diese Suppe übrigens kocht, desto mehr stärkt sie angeblich das sogenannte Qi, die Lebensenergie.

Als sich der junge Siddhartha damals, vor mehr als 2500 Jahren, auf seinen spirituellen Weg begab, um letztendlich Erleuchtung zu erlangen und ein Buddha zu werden, verbrachte er die ersten Jahre fast ausschließlich in Askese. Zu jener Zeit glaubte man, dass ein radikaler Verzicht auf alles Weltliche, also auch weitestgehend auf die Nahrung, die den menschlichen Körper am Leben erhält, schneller zum Ziel, nämlich der Befreiung von jeglichem Leid und somit dem Eintritt ins Nirwana, führen würde. Im Laufe seiner asketischen Wanderschaft magerte Siddhartha bis auf die Knochen ab, und irgendwann wurde ihm klar, dass er vermutlich eher an Auszehrung sterben als dass er sein Ziel erreichen würde. Also beschloss er, wieder ausreichend zu essen. Die erste Mahlzeit, die Siddhartha zu sich nahm, war eine Schale Reispudding, die ihm von einer jungen Frau dargeboten wurde.

Die Basis jenes historischen Puddings ist auch Grundlage für die hier vorgestellte Suppe. In manchen Klöstern wird morgens lediglich eine pure Reissuppe ohne weitere Zutaten und Gewürze serviert. Das schmeckt zwar für unseren verwöhnten Gaumen etwas fad, hilft dem Körper aber beim Entschlacken und hält Körper und Geist auf wunderbare Weise fit und frisch. Ich habe das folgende Rezept für mitteleuropäische Gaumen ein kleines bisschen aufgepeppt – gesund ist es noch immer! Übrigens: Im Ayurveda schwört man auf gedünstetes statt rohem Obst, denn so ist es viel bekömmlicher und für Magen und Darm leichter zu verdauen.

Wichtig: Die Basis-Reissuppe bereits am Vortag kochen!

ZUTATEN FÜR DIE BASISSUPPE:

200 g Basmati- oder Langkornreis
ca. 1,6 l Wasser

AUSSERDEM:

feinmaschiges Sieb, 1 Topf

Zubereitung der Basissuppe am Vortag:

Den Reis in einem Sieb unter fließend kaltem Wasser waschen und dann kurz abtropfen lassen. Einen Topf mit Wasser zum Kochen bringen. Dann den Reis zugeben und kurz aufkochen lassen. Anschließend die Hitze reduzieren und die Suppe auf kleinster Flamme mindestens 2 Stunden, am besten jedoch 3–4 Stunden lang köcheln lassen. Gegebenenfalls Wasser nachfüllen, denn die Suppe sollte eher dünnflüssig sein.

Mit geöffnetem Deckel komplett abkühlen lassen und dann über Nacht in den Kühlschrank stellen.

ZUTATEN FÜR DIE FRÜHSTÜCKSSUPPE:

1 EL Ghee
Menge an Reissuppe, die für das Frühstück jeweils benötigt wird
1 Prise Salz
1 Prise Kurkuma
1 EL Ahornsirup oder Honig
evtl. Nüsse und / oder geröstete Kokosflocken

ZUTATEN FÜR DAS GEDÜNSTETE OBST:

1 EL Ghee
Obst deiner Wahl: z. B. 2 Äpfel oder Birnen, gewaschen, vom Kerngehäuse befreit und in dünne Spalten geschnitten; oder 3–4 Aprikosen oder Zwetschgen, gewaschen, entsteint und in feine Scheiben geschnitten

AUSSERDEM:

1 Topf, 1 beschichtete Pfanne

Zubereitung:

Für die Suppe das Ghee in einem Topf erhitzen. Ausreichend Reissuppe vom Vortag zugeben – den Rest wieder in den Kühlschrank stellen – und unter Rühren zum Köcheln bringen. Wenn nötig, noch etwas Wasser hinzufügen. Mit Salz und Kurkuma würzen. Zum Schluss Ahornsirup oder Honig unterrühren und die Suppe zugedeckt beiseitestellen, bis das Obst gar ist.

Für das gedünstete Obst das Ghee in einer Pfanne kurz erhitzen, dann das Obst zugeben. Die Hitze auf mittlere Flamme reduzieren und das Obst unter mehrmaligem Umrühren garen, bis es weich ist. Gedünstetes Obst ist, wie bereits erwähnt, laut der Ayurveda-Lehre für den menschlichen Darm viel bekömmlicher als rohes.

Die warme Reissuppe in bereitgestellte Schalen füllen und eventuell Nüsse und / oder Kokosflocken darübergeben. Obenauf das Obst portionsweise verteilen und servieren.

OM! DIE KLASSISCHE ZEN-SUPPE:
MISOSUPPE *mit »Gu«*

Eine meiner Freundinnen lebt nun schon seit vielen Jahren in Japan, mitten auf dem Land, in einem klitzekleinen Zen-Kloster, umgeben von alten Bäumen. Im Alter von 50 Jahren entschied sie sich – für viele ihrer Freunde vollkommen überraschend –, ihrem Herzen und einer tiefen Sehnsucht zu folgen: nämlich Nonne in einem buddhistischen Kloster zu werden. Also ging sie nach Japan, um fortan mit ihrem Meister und drei weiteren Nonnen ein sehr spartanisches Leben, geprägt von Meditation und Stille, zu führen.
Alle paar Jahre kommt Tenshin – mit dem Loslassen ihres weltlichen Lebens legte sie auch ihren deutschen Vornamen ab – in ihre alte Heimat, um sich hier ärztlichen Untersuchungen zu unterziehen sowie ihre betagte Mutter und Freunde zu besuchen. Unsere Begegnungen sind immer wunderschön und sehr besonders. Wir lachen und kochen miteinander und bringen uns auf den neusten Stand unserer jeweiligen Leben, die unterschiedlicher nicht sein könnten.
Obwohl sie über sehr wenig eigenes Geld verfügt, schließlich hat sie ein Armutsgelübde abgelegt, bringt mir Tenshin immer eine hübsche Kleinigkeit oder eine Leckerei aus Japan mit. Bei ihrem letzten Besuch, vor mehr als zwei Jahren, kramte sie Gersten-Misopaste aus ihrem kleinen Rucksack. Wir besorgten noch Pilze, Rettich, getrocknete Algen, Frühlingszwiebeln und Tofu im Bio-Asialaden um die Ecke, und wenig später schlürften wir genüsslich unser Süppchen.
Suppeneinlagen aller Art nennt man in Japan traditionell »Gu«. Statt der Kräuterseitlinge, die Tenshin und ich uns für unsere Suppe aussuchten, weil sie so hübsch und appetitlich aussahen, werden für eine klassische Misosuppe meist Shiitakepilze oder Morcheln verwendet. Probiere einfach aus, was dir am besten schmeckt!
Misosuppe ist leicht bekömmlich, wirkt dennoch kräftigend auf den Körper und erfrischt den Geist. Aus diesen Gründen ist sie wohl auch nicht nur in Zen-Klöstern eine sehr beliebte Mahlzeit. Zudem ist sie, oft auch in Kombination mit eingelegtem Gemüse und Getreidebrei, fester Bestandteil eines klassischen japanischen Frühstücks.
Das Rezept ist, wie die meisten Rezepte in ALL YOU NEED IS SOUP!, für 4 Personen berechnet. Wundere dich aber nicht über die geringen Mengenangaben des »Gu«, also der Suppeneinlagen. Eine traditionelle Misosuppe wird nämlich nicht mit Gemüse, Tofu und Algen überfrachtet; es werden immer nur kleine Mengen verwendet. Sie gestaltet sich also sehr übersichtlich und, eben typisch japanisch, eher minimalistisch. Im Vordergrund steht immer die Suppe an sich.

ZUTATEN:

10 g Arame (das sind getrocknete braune, japanische Algen, die du z. B. in gut sortierten Bio-Läden bekommst), unter fließend kaltem Wasser gewaschen und anschließend 1 Stunde in kaltem Wasser eingeweicht (Ich nehme manchmal auch 20 g, weil ich sie so gerne mag!)

1 l Wasser mit der entsprechenden Menge Dashi-Pulver (japanische Instantbrühe aus Thunfischflocken), wahlweise Gemüsebrühe

2 EL Gersten-Misopaste (Mugi Miso), nach Geschmack etwas mehr oder ein bisschen weniger (also nach dem ersten Löffel gleich mal abschmecken)

100 g Daikon-Rettich (das ist ein milder, weißer Rettich aus China oder Japan, den man hierzulande in Asia-Läden, aber auch in gut sortierten Supermärkten oder auf Märkten bekommt; zur Not tut es auch ein junger einheimischer Rettich), geschält und in kleine, mundgerechte Stücke oder Scheibchen geschnitten

100 g Pilze, z. B. Shiitake oder Kräuterseitlinge, geputzt und in kleine, mundgerechte Stücke geschnitten

100 g Tofu, in kleine, mundgerechte Stücke geschnitten

1 Bund Frühlingszwiebeln, von den Wurzelenden befreit, gewaschen und mitsamt dem Grün in feine Ringe geschnitten

AUSSERDEM:

1 Topf, feines Sieb, 1 Schüssel

Zubereitung:

Die eingeweichten Algen abgießen, das Einweichwasser wegschütten. In einem Topf 500 ml Wasser zum Kochen bringen und die Algen darin in ca. 10 Minuten bei geöffnetem Deckel gar kochen. Durch ein Sieb abgießen und beiseitestellen.

Die Dashi- bzw. Gemüsebrühe in einem Topf zum Kochen bringen, dann die Misopaste zugeben. Die Hitze auf mittlere Flamme reduzieren, den Rettich hinzufügen und ca. 5 Minuten bei halbgeschlossenem Deckel mitköcheln lassen – er sollte noch bissfest sein –, anschließend Pilze und Tofu zugeben.

Alles zusammen noch mal ca. 3 Minuten bei geöffnetem Deckel, jetzt auf kleiner Flamme, köcheln lassen. Dann die Algen dazugeben.

Den Topf vom Herd nehmen und die Suppe noch 2 Minuten bei geschlossenem Deckel ziehen lassen.

Zum Servieren die Misosuppe in Schalen füllen und jeweils mit reichlich – wirklich reichlich! – Frühlingszwiebeln garnieren.

TIPPS: Tenshin gibt manchmal noch etwas frischen **Ingwer** und klein geschnittene **rote Paprika** mit in die Suppe. Ich persönlich mag es gerne ein bisschen schärfer und gebe vor dem Verzehr noch frischen **Chili** dazu.

Falls du mal so richtig hungrig bist, dann kannst du dir separat **asiatische Bandnudeln** dazu kochen. Zum Servieren die gekochten Nudeln zuerst in die Schale oder in einen tiefen Teller geben und dann mit der heißen Misosuppe übergießen.

SCHÖN SCHLANK – *Diätsuppen*

KLASSISCHE KOHLSUPPE »RELOADED«

Vor vielen Jahren, ich war noch eine junge Frau, gab es einen wahren »Kohlsuppen-Hype«, dem nahezu jeder verfallen war, der sich um seine schlanke Linie sorgte. Die sogenannte »magische Kohlsuppe« war der Garant schlechthin für schlanke Hüften und einen stromlinienförmigen Körper. Landauf, landab wurde Kohlsuppe in rauhen Mengen gekocht, und die Stars und Sternchen überschlugen sich im Fernsehen und in den bunten Gazetten mit ihren Lobeshymnen auf diese Wundersuppe.

Heutzutage ist die Kohlsuppe fast schon wieder in Vergessenheit geraten, dabei lässt sie tatsächlich die Pfunde purzeln, und gesund ist sie obendrein! Ich habe sie mit Ingwer, Zitrone, Kurkuma, Kreuzkümmel und Sojasoße aufgepeppt, sprich »reloaded«, das erhöht ihre Wirkung und lässt sie frischer und ein bisschen exotischer schmecken.

Unsere Kohlsuppe wird auf Vorrat gekocht, denn zum einen schmeckt sie besser, wenn sie noch mal aufgewärmt wird, zum anderen kannst du sie, wenn du wirklich abnehmen willst, jeweils als Hauptmahlzeit ein paar Tage lang hintereinander essen.

Falls du wegen der Champignons in Sachen Wiederaufwärmen Bedenken hast, dann lass sie einfach weg. Wenn du aber die Suppe nach dem Kochen komplett abkühlen lässt und dann im Kühlschrank deponierst, kann beim Aufwärmen – auch mit den Champignons – überhaupt nichts passieren. Einfach portionsweise Suppe aus dem Topf im Kühlschrank entnehmen und auf dem Herd zum Kochen bringen.

Diese Suppe ist, Abnehmen hin oder her, ein wahres Powerpaket, voll von Vitaminen und allem Gesunden, was die Natur so zu bieten hat. Du kannst sie auch mit weniger Brühe kochen, dann hast du einen tollen Eintopf.

ZUTATEN:

2–3 EL Olivenöl
1 kleines Stück Ingwer, ca. 10–20 g, geschält und fein gehackt
1 Knoblauchzehe, geschält und fein gehackt
1 Prise Salz
1 Msp. Kreuzkümmelsamen
1 mittelgroße Stange Lauch, ca. 200 g, gewaschen und in feine Ringe geschnitten
100 g Champignons, geputzt und in Scheiben geschnitten
½ TL Kurkuma
2 Stangen Staudensellerie, ca. 100 g, gewaschen und in mundgerechte Stücke geschnitten
2 mittelgroße Möhren, ca. 200 g, geschält und in mundgerechte Scheiben geschnitten
1 Petersilienwurzel, ca. 100 g, geschält und in mundgerechte Stücke geschnitten
400 g Weißkraut (Weißkohl), vom Strunk befreit, geviertelt, dann in Streifen geschnitten und anschließend gewaschen
je 1 kleine grüne und gelbe Paprikaschote, gewaschen, von Stiel und Kernen befreit und in mundgerechte Stücke geschnitten
1 EL Sojasoße
1 Dose stückige Tomaten à 400 g
1 l Gemüsebrühe
Saft und Zesten von 1 Bio-Zitrone (Schale vorher unter fließend heißem Wasser waschen)
Salz und frisch gemahlener Pfeffer

AUSSERDEM:

1 großer Topf, 1 kleine Schüssel

Zubereitung:

Das Olivenöl in einem großen Topf erhitzen. Währenddessen Ingwer und Knoblauch in einer kleinen Schüssel mit 1 Prise Salz vermischen und leicht zerdrücken. In den Topf zum Öl geben und unter Rühren kurz anbraten. Die Hitze auf mittlere Flamme reduzieren, Kreuzkümmel und Lauch zugeben und dünsten, bis der Lauch weich ist. Dann die Champignons zugeben und so lange anbraten, bis aus ihnen Saft austritt. Die Kurkuma unterrühren, dann Staudensellerie, Möhren und Petersilienwurzel zugeben und alles gut vermischen. Anschließend das Weißkraut dazugeben und das Ganze auf kleiner Flamme unter mehrmaligem Rühren 3–4 Minuten dünsten lassen.
Dann die Paprikaschoten unterrühren und weitere ca. 3 Minuten dünsten lassen. Mit 1 Esslöffel Sojasoße ablöschen und anschließend mit den stückigen Tomaten aus der Dose aufgießen. Die leere Dose noch mal komplett mit Wasser füllen und zum Topfinhalt geben, damit auch der letzte Tomaten-Rest mit in die Suppe kommt.
Zuletzt mit der Gemüsebrühe aufgießen und die Hitze wieder auf mittlere Flamme hochdrehen. Die Suppe bei geschlossenem Deckel köcheln lassen, bis das Gemüse gar ist. Zum Schluss Zitronensaft und -zesten unterrühren (Weißkohl, Möhren und Petersilienwurzel schmecken ja eher süßlich, deswegen braucht es als Gegengewicht Säure; starte aber trotzdem erst mal mit dem Saft von ½ Zitrone und gib bei Bedarf mehr dazu) und vor dem Servieren mit Salz und Pfeffer abschmecken.

TIPPS: Wenn du gerade nicht auf deine Linie achten musst oder möchtest, dann kannst du deine Kohlsuppe gerne auch mit Kohlenhydraten anreichern, indem du ein paar festkochende **Kartoffeln**, geschält und in mundgerechte Stücke geschnitten, in die Suppe gibst und mitkochen lässt. **Frische Kräuter** machen sich übrigens auch sehr gut. Garniere deine Kohlsuppe mit Petersilie, Dill, Schnittlauch oder frischem Basilikum – as you like!

KLARE SPARGELSUPPE *mit Petersilien-Zitronen-Pesto*

Frischer Spargel läutet den Frühsommer ein und gilt als das Entschlackungsgemüse schlechthin!

ZUTATEN FÜR DIE SUPPE:

750 g weißer Spargel (für diese Suppe kann man auch Spargel zweiter Wahl oder Bruchspargel nehmen), geschält, die Schalen waschen und beiseitestellen
½ TL Zucker
ca. 20 g Butter
1 TL Salz
frisch gemahlener Pfeffer
Saft von ½ Zitrone

ZUTATEN FÜR DAS PESTO:

2 Bund glatte Petersilie, gewaschen, Stiele entfernt, Blätter grob geschnitten
1–2 Knoblauchzehen, geschält und fein geschnitten
Olivenöl
grobes Meersalz
Zesten von 1 Bio-Zitrone (Schale vorher unter fließend heißem Wasser waschen)
1–2 Spritzer Zitronensaft

AUSSERDEM:

Mörser oder Küchenmaschine, 1 Topf, 2 Schüsseln, Sieb

Zubereitung:

Zuerst das Pesto zubereiten. Dafür Petersilienblätter, Knoblauchzehen, Olivenöl und Meersalz in einen großen Mörser oder in die Küchenmaschine geben und zu einer feinen Paste verarbeiten. Zum Schluss die Zesten zugeben und mit Zitronensaft und gegebenenfalls noch mit etwas mehr Salz abschmecken. Im Kühlschrank kalt stellen, bis die Suppe fertig ist.

Für den Spargel ca. 1,5 l Wasser in einem Topf zum Kochen bringen. Das kochende Wasser mit Zucker, Butter und Salz würzen. Dann den Spargel zugeben und die Hitze auf mittlere Flamme reduzieren. Den Spargel in ca. 10–15 Minuten weich köcheln lassen, dann aus dem Sud nehmen und beiseitestellen. Nun die Schalen in den Sud geben und ca. 45 Minuten lang auf kleiner Flamme ohne Deckel simmern lassen. Währenddessen den gekochten Spargel in mundgerechte Stücke schneiden. Anschließend den Sud durch ein Sieb abgießen, auffangen und zurück in den Topf geben. Erneut kurz aufkochen lassen, dann den Spargel wieder zugeben. Mit Salz, Pfeffer und Zitronensaft abschmecken. Die Suppe in vorbereitete Teller füllen und jeweils mit Petersilienpesto servieren.

TIPP: Du kannst statt Petersilie auch **Koriander** für das Pesto verwenden.

K1
UNION OF MYANMAR

SUPPEN FÜR *Herz und Seele* und einfach zum Freuen

Für die meisten Menschen ist eine gute, wärmende Suppe eigentlich immer ein Grund zur Freude. Spätestens in diesem Kapitel wirst du erkennen, dass die Rezeptsammlung in ALL YOU NEED IS SOUP! sehr persönlich ausgefallen ist. Wie könnte es auch anders sein, denn jeder von uns hat seine ganz eigenen Suppen, aber auch andere persönliche Lieblingsessen, mit denen er schöne Stunden oder Ereignisse in seinem Leben verbindet. Ich lade dich ein, dich durch meine Auswahl zu schlemmen – und gleichzeitig auf Suppen-Spurensuche in deinem eigenen Leben zu gehen. Mit welcher Suppe verbindest du Freundschaft, Dankbarkeit oder glückliche Erinnerungen aus deiner Kindheit? Womit verwöhnst du dich und deine Lieben, und was wärmt dich von innen heraus, wenn du traurig bist? Am Ende des Buches findest du eine leere Doppelseite, wo du dir unter anderem die Rezepte deiner ganz persönlichen Herzenssuppen notieren kannst.

Rundum-Verwöhnsuppen

Glückssuppen aus der Kindheit

Von Herz zu Herz – Suppen, die verbinden

LIEBESGRUSS AN DIE GESCHMACKSNERVEN:

CREMIGE VICHYSSOISE – *mal klassisch kalt, mal heiß*

Für dieses im Grunde recht simple Rezept bin ich weit gereist – aber nicht nach Frankreich, wo die Suppe ihren Ursprung hat, sondern an die ungarische Grenze, sprich ins tiefste Wiener Hinterland. Mein Freund Carsten ist ein absoluter Kochprofi und arbeitet dort für eine Familie als Privatkoch. Eine Woche lang, Carsten nahm sich extra dafür frei, kochten und brutzelten wir gemeinsam in der Küche seines abgeschiedenen Hauses, um ALL YOU NEED IS SOUP! gemeinsam auf Vordermann zu bringen. Carstens absolutes Steckenpferd ist die Vichyssoise, was lag also näher, als ihm beim Zubereiten derselben über die Schulter zu schauen und fleißig mitzuschreiben. Mit ihrer sämigen Konsistenz und dem feinen Geschmack nach Lauch und Kartoffeln ist die Vichyssoise eine der »Verwöhnsuppen« schlechthin, darin sind Carsten und ich uns uneingeschränkt einig.

Bevor wir uns aber täglich gemeinsam an den Herd stellten, um ein Suppenrezept nach dem anderen zu testen, begannen wir fast jeden Morgen – mangels eines gemütlichen Cafés in der eigenartigen Steppenweite dieses Landstrichs – mit einer Melange und einem Marillenmarmeladen-Brötchen am Tresen der örtlichen Tankstelle. Danach schlenderten wir gemütlich über die Märkte und durch die Supermärkte der Umgebung, immer auf der Jagd nach den frischesten und neuesten Zutaten. Carsten hat Koch von der Pike auf gelernt und stand sogar schon mal eine Saison lang auf einer Mittelmeer-Yacht in der Kombüse eines prominenten Mannes aus der Filmbranche. Von ihm lerne ich als bekennende Autodidaktin schon seit Jahren alle Küchenkniffe und Tricks, die man auf Lager haben muss, um als Köchin glänzen und andere Menschen auf hohem Niveau verwöhnen zu können. Er hat mir natürlich auch gezeigt, wie man eine Vichyssoise professionell auf Eistemperatur herunterkühlt, denn diese Suppe wird in Frankreich ja traditionell eiskalt gegessen. Dennoch schmeckt sie auch heiß echt sensationell.

ZUTATEN:

60 g Butter
2 dünne Stangen Lauch, ca. 200 g, in feine Ringe geschnitten
1 mittelgroße Zwiebel, geschält und fein geschnitten
100 ml trockener Weißwein
1 Knoblauchzehe, geschält, sehr fein geschnitten, dann mit der flachen Messerseite zerdrückt und mit 1 Prise Salz vermengt
2 mittelgroße vorwiegend festkochende Kartoffeln, ca. 300 g, geschält und in kleine Würfel geschnitten
ca. 600 ml Gemüsebrühe
200 g Sahne
2 Spritzer Zitronensaft
Fleur de Sel (französisches Meersalz)
frisch gemahlener weißer Pfeffer (weil eine traditionelle Vichyssoise von der Farbe her immer weiß ist; du kannst aber auch schwarzen Pfeffer nehmen, dann ist die Suppe halt ein bisschen gesprenkelt)
2 EL Schnittlauchröllchen

AUSSERDEM:

1 großer Topf, Pürierstab, für die kalte Vichyssoise zusätzlich: 8 Eiswürfel, Plastiktüte und Nudelholz

Zubereitung:
Die Butter in einem großen Topf erhitzen. Lauch und Zwiebeln zugeben und 2–3 Minuten dünsten, bis der Lauch weich ist. Mit dem Weißwein ablöschen, dann den Knoblauch unterrühren. Die Kartoffeln zugeben und unterrühren,
1–2 Minuten köcheln lassen. Anschließend die Gemüsebrühe zugeben. Die Hitze reduzieren und die Suppe auf kleiner Flamme bei geschlossenem Deckel köcheln lassen, bis die Kartoffeln gar sind. Die Suppe vom Herd nehmen, mit dem Pürierstab pürieren, dann die Sahne zugeben und alles noch einmal kurz aufkochen. Zum Schluss den Zitronensaft hinzufügen und das Ganze mit Fleur de Sel und Pfeffer kräftig abschmecken. Die Suppe vom Herd nehmen.
Wenn du die Vichyssoise heiß genießen möchtest, dann gib sie jetzt portionsweise in bereitgestellte Teller. Vorher gegebenenfalls noch mal mit Zitronensaft abschmecken, denn diese Suppe braucht etwas Säure. Zum Servieren mit Schnittlauch bestreuen.
Klassischerweise isst man, wie bereits erwähnt, eine Vichyssoise allerdings kalt, sprich geeist, wie es im Fachjargon meines Profikoch-Freundes heißt. Dafür musst du die Suppe bei offenem Deckel komplett erkalten lassen. Anschließend wird der Topf, immer noch ohne Deckel, für mindestens 2, besser noch 3 Stunden in die Tiefkühltruhe gestellt. Nach 1 Stunde haben sich dann an der Topfinnenwand kleine Eiskristalle gebildet. Nun wird die Vichyssoise, mitsamt den Eiskristallen, kräftig umgerührt. Diese Prozedur nach einer weiteren Stunde im Tiefkühler – und schließlich noch einmal am Ende der Kühlzeit – wiederholen.
Die Suppe vor dem Servieren noch einmal kräftig mit Salz, Pfeffer und gegebenenfalls Zitronensaft abschmecken, weil kalte Suppen generell nicht mehr so intensiv schmecken. Die Eiswürfel in eine Plastiktüte geben und mit dem Nudelholz klein schlagen. In die vorbereiteten Teller je 1 Esslöffel Eis geben und mit Suppe auffüllen. Zum Garnieren mit Schnittlauch bestreuen.

TIPP: Etwas **Ziegenfrischkäse** als Suppentopping schmeckt toll und unterstützt den feinen Geschmack der Vichyssoise.

LIEBESGRUSS AN DEN MAGEN: LECKERER SCHÄLERBSENEINTOPF *mit eingelegten Paprika, geröstetem Butternusskürbis und Rosmarin-Orangen-Joghurt*

Warum es bei ALL YOU NEED IS SOUP! ausgerechnet ein simpler Schälerbseneintopf in die Kategorie »Rundum-Verwöhnsuppen« geschafft hat, ist ganz einfach zu erklären: Es ist das absolute Lieblingsgericht meiner Küchengirls im Gartensalon, dem kleinen Café in München, in dem ich regelmäßig als Köchin arbeite. Fünf Köchinnen stehen während der Woche reihum, also im Schichtbetrieb, in unserem »Salon« am Herd. Dazu kommen noch einige Bäckerinnen und eine Handvoll Mädchen, die für das tägliche Aufbauen der Kuchentheke und der Kaffeebar verantwortlich sind und der jeweiligen »Hauptköchin« als sogenannte »Zuköchinnen« zur Hand gehen. Jede Köchin hat ein paar Rezepte auf Lager, die wir anderen total lieben. Wenn zum Beispiel Anna ihre »Thai-Bowle«, das ist ein lauwarmes Glasnudelgericht mit ganz viel Gemüse drin, macht, Helen ihre Enchiladas mit Bohnen füllt, Christine einen orientalischen Strudel zaubert oder Ines Ofengemüse mit vier verschiedenen, raffinierten Dips und einem genialen Rohkostsalat serviert, dann vollführen wir anderen schon am Morgen, in freudiger Erwartung auf das Mittagessen, Luftsprünge in der Küche.
Ich kann dir sagen, es ist wirklich ein tolles Gefühl, wenn man noch müde und total verschlafen zum Schichtbeginn um halb sieben Uhr in der Früh stürmisch von den Mädels umarmt und mit gefühlt tausend Wangenküssen bedeckt wird, weil endlich mal wieder die lang ersehnten Schälerbsen auf der Karte stehen.

ZUTATEN FÜR DEN RÖSTKÜRBIS:

1 mittelgroßer bis großer Butternusskürbis, ca. 1,4 kg, gewaschen, von den Kernen befreit und mitsamt der Schale in längliche Spalten geschnitten
Olivenöl
1 TL Meersalz
1 große rote Chilischote, gewaschen
1 frischer Rosmarinzweig, gewaschen

ZUTATEN FÜR DEN EINTOPF:

2 EL Olivenöl
1 mittelgroße Zwiebel, geschält und in feine Stücke geschnitten
1 Knoblauchzehe, geschält und in feine Stücke geschnitten
1–2 EL Tomatenmark
2 EL Ajwar
ca. 200 g in Öl eingelegte Paprikaschoten, abgetropft und in mundgerechte Stücke geschnitten
Saft von 1 Bio-Orange (die Schale brauchst du dann später für den Joghurt, siehe unten)
100 g Feta, zerbröckelt
1 Dose stückige Tomaten à 400 g
300 g Schälerbsen, gewaschen und in reichlich Wasser weich gekocht (Achtung: Kochwasser nicht salzen, sonst werden die Schälerbsen nicht richtig weich!)
ca. 700 ml Gemüsebrühe
1 Prise Cayennepfeffer
1 TL Rosenpaprika
Salz und frisch gemahlener Pfeffer
frische Minzeblätter, gewaschen, zum Garnieren

ZUTATEN FÜR DEN JOGHURT:

ca. 100 g Joghurt
1 TL frischer Rosmarin, gehackt
Zesten von 1 Bio-Orange (Schale vorher unter fließend heißem Wasser waschen)
Salz und frisch gemahlener Pfeffer

AUSSERDEM:

1 große Schüssel, Backblech, Backpapier,
1 großer Topf

Zubereitung:

Zuerst den Butternusskürbis rösten. Dazu den Backofen auf 220 Grad Ober-/Unterhitze oder 200 Grad Umluft vorheizen. Die Kürbisspalten in eine große Schüssel geben und großzügig mit Olivenöl vermengen. Salz, Chilischote und Rosmarin zugeben und unterheben. Anschließend das Ganze auf dem mit Backpapier ausgelegten Backblech gleichmäßig verteilen und im Ofen auf mittlerer Schiene ca. 20 Minuten rösten, bis die Kürbisspalten schön weich sind. Aus dem Ofen nehmen und auskühlen lassen.

Für den Schälerbseneintopf das Öl in einem großen Topf erhitzen und Zwiebeln und Knoblauch darin anbraten, bis die Zwiebeln glasig sind. Tomatenmark und Ajwar zugeben und 1–2 Minuten unter ständigem Rühren mit anbraten. Dann die eingelegten Paprika unterrühren und mit dem Orangensaft ablöschen.

Den Feta zugeben und kräftig umrühren. Die Tomatenstücke aus der Dose hinzufügen. Anschließend die gekochten Schälerbsen dazugeben, alles mit der Gemüsebrühe aufgießen und einmal aufkochen lassen. Die Hitze auf mittlere Flamme reduzieren, Cayennepfeffer und Rosenpaprika unterrühren und den Schälerbseneintopf 10–15 Minuten ohne Deckel köcheln lassen.

Den Eintopf vom Herd nehmen und bei geschlossenem Deckel noch 5 Minuten ziehen lassen. Gegebenenfalls noch etwas Gemüsebrühe zugeben, abschließend mit Salz und Pfeffer abschmecken.

Während der Eintopf ruht, das Topping zubereiten. Dazu den Joghurt in eine Schüssel geben, mit Rosmarin und Orangenzesten vermengen und mit Salz und Pfeffer abschmecken. Beiseitestellen.

Zum Servieren den Eintopf portionsweise in passende Teller füllen, geröstete Kürbisspalten obenauf legen und mit jeweils 1 Löffel Joghurt und einem frischen Minzeblatt garnieren.

TRÄUME SÜSS, MEIN KIND – BETTHUPFERL-SUPPE NICHT NUR FÜR KLEINE LEUTE: JOHANNISBEERSUPPE *mit Schlagsahne*

Genau genommen ist diese Suppe gar keine Suppe, und so wirklich gesund ist sie vermutlich auch nicht. Zucker und Sahne sollte man einem Kind abends eigentlich nicht geben, habe ich mir sagen lassen. Aber ALL YOU NEED IS SOUP! steht vor allem für Wohlbehagen und das Gefühl, von innen heraus genährt zu werden – sowohl körperlich als auch seelisch –, und deshalb dürfen gerne ab und zu auch mal »ungesunde« Lebensmittel auf dem Speiseplan stehen.

Als meine Schwester und ich noch klein waren, gingen meine Eltern manchmal abends aus, und unsere Nachbarin, die ein Stockwerk über uns wohnte, passte auf uns auf. Nun, so wirklich aufpassen konnte man das wohl nicht nennen. Sie ließ einfach ihre Wohnungstüre offen stehen, und wir machten es genauso. Es war ein kleines Zweifamilienhaus, und es klappte ganz gut so. Meine Schwester und ich tobten mal oben, mal unten und rannten ständig die Treppe rauf und runter, um uns bei Frau Zuber, so hieß die alte, dickliche Dame, etwas zu knabbern oder kleine Streicheleinheiten zu holen. Manchmal spielten wir mit ihr auch ein selbsterfundenes Spiel, das wir »Mäuschen« nannten. Dann versteckten wir uns in einem winzigen Speicher, der direkt an die Wohnung der Zubers grenzte, und Frau Zuber musste in regelmäßigen Abständen laut »Mäuschen, Mäuschen!« rufen und uns kleine Teller mit Käse auf den Fußboden vor die Speichertüre stellen. Den Käse galt es zu stibitzen, ohne erwischt zu werden, denn sonst war man in die Mausefalle getappt und wurde von Herrn Zuber, der stets stoisch vor dem Fernseher saß, durchgekitzelt. Wir liebten dieses Spiel.

Irgendwann wurden wir natürlich müde, aber uns graute davor, alleine, ohne Mama und Papa, ins Bett zu gehen. Dann kam immer der beste Teil des Abends: Frau Zuber »kochte« Betthupferlsuppe. Eigentlich erhitzte sie nur roten Saft, fügte einen Löffel Marmelade hinzu und füllte dann die »Suppe« in tiefe Teller. Obendrauf setzte sie immer ein hübsches Häubchen Sprühsahne. Damit durften wir uns – aber nur, wenn wir brav waren und nicht herumzappelten – neben Herrn Zuber auf die Couch setzen, die Teller vorsichtig auf den Knien balancierend, und mit ihm ein paar Minuten fernsehen. Wir löffelten genüsslich und natürlich extra langsam, um die endgültige Insbettgehzeit hinauszuzögern. Ich rührte dabei die Sahne unter den heißen Saft, bis die Suppe pink wurde, während meine Schwester die weiße Köstlichkeit vorsichtig mit dem Löffel abhob und im Ganzen verschlang, um sich dann erst der Suppe zu widmen.

Frau Zuber ist mittlerweile im Himmel, Herr Zuber lebt immer noch quietschfidel in einem schönen Altenheim nahe seinem ehemaligen Zuhause. Er geht jeden Tag spazieren und hat ein paar nette Damen um sich geschart, mit denen er begeistert Brettspiele spielt. Er sieht übrigens immer noch für sein Leben gerne fern.

Für ALL YOU NEED IS SOUP! habe ich in die Trickkiste gegriffen und die »Suppe« ein bisschen aufgepeppt, aber im Original bestand sie wirklich nur aus heißem Johannisbeersaft und einem Löffel Marmelade. Das Rezept ist auf zwei Personen ausgerichtet.

ZUTATEN:

400 ml Johannisbeersaft, wahlweise Holundersaft (dann wird die Sache ein bisschen gesünder)
1 EL Johannisbeergelee
1 Zimtstange
Saft und Schale von ½ Bio-Orange (Schale vorher unter fließend heißem Wasser waschen; für die Suppe kannst du sie ganz einfach in groben Teilen mit einem Sparschäler von der Frucht lösen)
100 g Sahne
½ Päckchen Vanillezucker

AUSSERDEM:

1 Topf, 1 Schüssel, Rührgerät

Zubereitung:

Den Saft in einen Topf geben und langsam erhitzen. Das Johannisbeergelee unterrühren. Dann Zimtstange, Orangensaft und -schale zugeben, das Ganze aber nicht kochen lassen. Den Topf vom Herd nehmen und die Suppe bei geschlossenem Deckel ein paar Minuten ziehen lassen. Währenddessen die Sahne mit dem Vanillezucker in eine Schüssel geben und mit dem Rührgerät halbsteif schlagen. Orangenzesten und Zimtstange aus dem Saft entfernen. Die »Johannisbeersuppe« in Suppenteller oder in große Tassen füllen und zum Servieren obenauf einen Klecks Sahne geben.

TIPP: Lecker, und ganz bestimmt auch sehr ungesund, schmeckt die Betthupferlsuppe statt mit Sahne mit kleinen **Marshmallows**, die man zum Servieren einfach in die Suppe gibt, und ein bisschen zusätzlichem **Zimtpulver** als krönendem Abschluss. Mini-Marshmallows bekommt man in gut sortierten Supermärkten in der Amerika-Ecke.

LIEBESKUMMERSUPPE:
HEISSE BRÜHE *mit kleinen Bergkäseknödelchen und frischem Estragon*

Okay, ich weiß, Estragon mag nicht jeder. Genau wie bei frischem Koriander scheiden sich bei diesem Kraut die Geister. Du kannst ihn also getrost weglassen oder ihn durch etwas anderes, zum Beispiel Kerbel, Petersilie oder Basilikum, ersetzen. Bei Knödeln sieht die Sache schon anders aus, oder? Die mag so gut wie jeder – und wenn man gerade Liebeskummer hat, dann sind Knödel wirklich unschlagbar. Für mich sind sie bei gebrochenem Herzen das Top-Wohlfühlessen schlechthin, vor allem diese Bergkäseknödelchen – ich weiß, wovon ich spreche!

Mein letzter großer Liebeskummer liegt nun schon ein paar Jahre zurück, und es war natürlich, wie es bei echtem Liebeskummer nun mal so ist, total schrecklich! Meine große Liebe verließ mich damals nach acht Jahren Beziehung ohne Vorwarnung, und ich blieb mit einem dermaßen gebrochenen Herzen zurück, dass ich monatelang keinen klaren Gedanken fassen konnte. Ich magerte im Laufe der Zeit rasant ab, weil ich mich nur noch von Kaffee und Tütensuppen ernährte.

Eines Tages klingelte das Telefon. Zuerst wollte ich, wie so oft in den vergangenen Wochen, nicht rangehen, doch dann rappelte ich mich doch hoch. Meine beste Freundin war dran, und als ich ihre besorgte Stimme hörte, begann ich gleich wieder zu weinen. Sie überredete mich, mich noch am gleichen Tag in den Zug zu setzen und zu ihr zu kommen. Als ich Stunden später an ihrer Haustüre klingelte, erschrak sie über das Häufchen Elend, das da auf ihrer Schwelle stand. Sie nahm mich mütterlich in ihre Arme, setzte mich auf einen Hocker in der Küche und machte sich dann daran, mir genau diese Suppe zu kochen. Während sie Käse rieb, Kräuter hackte und Knödelchen drehte, hörte sie sich meine Geschichte an, und irgendwann erfüllte der Duft der Suppe die gesamte Küche.

Als das Essen fertig war, blieben wir in der kleinen Küche auf den niedrigen Schemeln sitzen, balancierten unsere Suppenschalen auf den Knien und schlürften genussvoll einen kräftigenden Löffel nach dem anderen in uns hinein. Langsam begann sich meine innere Starre aufzulösen, der eisige Griff um mein Herz lockerte sich ein bisschen, und mit jedem Knödelchen, das in meinem Magen landete, fühlte ich mich besser. Bis heute ist sie unser beider Allheilmittel, wenn eine von uns durch schwere Zeiten geht.

Unsere Liebeskummersuppe ist von den Zutaten her bewusst auf 4 Personen ausgerichtet, denn wie sagt ein Sprichwort so schön: Geteiltes Leid ist halbes Leid.

ZUTATEN FÜR DIE KNÖDELCHEN:
¼ l Milch
2 altbackene Brötchen
80 g Bergkäse (wenn schon, denn schon!), grob gerieben
1 Ei, Größe L
1 Prise Muskat
¼ TL Salz

ZUTATEN FÜR DIE SUPPE:
800 ml Geflügelbrühe, wahlweise eine andere Brühe deiner Wahl
1 EL frischer Estragon, gewaschen und grob gehackt

AUSSERDEM:
2 Töpfe, 1 Brett, 1 Schüssel

Zubereitung:
Zuerst werden die Knödelchen zubereitet. Dazu die Milch in einem Topf erhitzen, bis sie lauwarm ist. Dann den Topf vom Herd nehmen und die Brötchen in die Milch legen. Mindestens 30 Minuten durchweichen lassen. Sind die Brötchen weich, einmal kräftig kneten, damit sich größere Klumpen auflösen. Dann den Käse und das Ei zugeben, zum Schluss Muskat und Salz unterkneten. Den Teig zugedeckt 20 Minuten ruhen lassen und anschließend etwa walnussgroße Bällchen daraus formen. Beim Knödeldrehen zwischendurch immer wieder mal die Hände unter fließend kaltem Wasser abwaschen, dann bleibt der Teig nicht an den Fingern kleben.
Die fertigen Knödelchen auf ein Brett legen und ruhen lassen, bis das Wasser zum Kochen erhitzt ist.
Reichlich Wasser mit etwas Salz in einen großen Topf geben und zum Simmern bringen – das ist die Vorstufe zum Kochen. Die Knödelchen einlegen. Wenn du auf Nummer sicher gehen willst, dass sie nicht auseinanderfallen, kannst du vorsichtshalber erst einmal einen Knödel zur Probe kochen. Fällt er auseinander, dann knetest du alle Knödel noch mal zu einem Teig zusammen, gibst ein bisschen Mehl oder Semmelbrösel dazu und formst neue.
Die Knödelchen in ca. 3 Minuten gar kochen bzw. gar simmern lassen. Mit einer Schaumkelle aus dem Wasser holen und zugedeckt beiseitestellen.
Für die Suppe die Geflügelbrühe bzw. die Brühe deiner Wahl in einem Topf erhitzen. Zum Servieren die Bergkäseknödelchen portionsweise in bereitgestellte Teller legen und mit der heißen Brühe übergießen. Abschließend mit Estragon garnieren.

TIPPS: Ein alter Bauer, der in den bayerischen Bergen eine kleine bewirtschaftete Alm betreibt, hat mir einmal den Tipp gegeben, die **Brötchen** schon am Vortag in die Milch zu legen, um sie dann an einem kühlen Ort über Nacht schön durchweichen zu lassen, besonders, wenn die Semmeln bereits steinhart sind.
Getrocknete Tomaten, **Speck** oder **Oliven**, alles in kleine Stückchen geschnitten, machen sich übrigens auch super in den Knödeln.

OMAS BESTE: *Großmutters leckere* SCHNITTLAUCH-PFANNKUCHEN-SUPPE

Schnittlauch-Pfannkuchen-Suppe kam bei meiner Oma regelmäßig auf den Tisch. Vor allem an den Sonntagen, wenn sie für die Familie groß aufkochte, war diese Suppe meist der Start für ein opulentes Mahl.

In eine traditionelle »Oma-Brühe« gehören immer, zumindest meiner Großmutter nach, ein paar Wacholderbeeren, obwohl man ja heutzutage, das habe ich mir von einem renommierten Koch sagen lassen, lieber Pimentkörner nimmt. Da ich persönlich einen ausgewachsenen Zitrusschalen-Tick habe, gebe ich eine halbe Stunde vor Ende der Garzeit die Schale von 1 Bio-Orange mit in die Brühe und lasse sie mitköcheln. Das gibt der Pfannkuchensuppe so einen herrlich feinherben und dennoch frischen Geschmack.

Bevor du dich aber nun daranmachst, Omas Schnittlauch-Pfannkuchen-Suppe nachzukochen, erzähle ich dir noch eine herrliche Anekdote, die bis auf den heutigen Tag bei diversen Familienfeiern immer wieder hysterische Lachkrämpfe auslöst. Bei Oma versammelten sich früher zu hohen Feiertagen um die 15 Leute um ihren Esstisch. Zunächst startete Oma mit einem feinen Süppchen, am häufigsten kam tatsächlich Schnittlauch-Pfannkuchen-Suppe auf den Tisch, um dann zum Hauptgang mit einer riesigen Pyramide fein aufeinandergestapelter Kartoffelkroketten aufzuwarten. Dabei glühten ihre Wangen hochrot von den heißen Dämpfen am Herd – und bestimmt auch vor lauter Aufregung. Braten und Soße standen meist schon verheißungsvoll auf dem Tisch, wenn Oma ihre Pyramide, begleitet von großem Beifall seitens der Familie, vorsichtig aus der Küche balancierte. Oma trug damals das neueste Brillenmodell, ein in ihren Augen todschickes riesiges Gestell aus beigedurchsichtigem Horn, mit dem sie mich immer ein bisschen an eine weise Eule erinnerte. Da sie weitsichtig war, wölbten sich die Gläser ihrer Brille leicht nach außen und ließen ihre Augen noch größer erscheinen, als sie eh schon waren.

Oma trat also mit ihrer vollgeladenen Platte über die Türschwelle ins Esszimmer, und just in dem Moment, als wir zum Jubel ansetzen wollten, explodierten die obersten Kroketten mit einem sanften Plopp. Der Inhalt, weicher Kartoffelbrei, landete direkt auf ihren Brillengläsern, so dass Oma, plötzlich blind geworden, abrupt stehen blieb. Ich kann mich nicht erinnern, bis zu diesem Zeitpunkt, ich war damals vielleicht acht oder neun Jahre alt, jemals etwas Lustigeres gesehen oder erlebt zu haben. Und selbst jetzt, während ich die Geschichte niederschreibe, geht das Lachen schon wieder los. Hilfe! Da hilft nur eins: Schnell mit Kochen ablenken.

ZUTATEN:

125 g Weizenmehl, Type 405
250 ml kalte Milch
3 Eier, Größe M (Eier sind bei Großmüttern generell sehr wichtig. Alle Omas, die ich kenne, kochen und backen gerne mit vielen Eiern – und mit viel Butter oder Schmalz!)
1 Prise Salz
1 Bund Schnittlauch, gewaschen, trockengeschüttelt und in feine Röllchen geschnitten
ausreichend Butter zum Backen der Pfannkuchen
1 l Geflügelbrühe, wahlweise Rinderbrühe (Gemüsebrühe geht aber auch), ganz wie du magst – den klassischen Oma-Effekt bekommt man aber nur mit einer schönen Brühe aus Geflügel oder Fleisch bzw. Knochen hin

AUSSERDEM:

1 Schüssel, Schneebesen, Schöpfkelle, 1 kleine beschichtete Pfanne, 1 Teller, 1 Topf

Zubereitung:

Zuerst werden die Pfannkuchen zubereitet, denn sie müssen abkühlen, bevor sie in die Suppe kommen. Dazu das Mehl in eine Schüssel geben und unter Rühren mit dem Schneebesen die Milch zugießen. Nach und nach die Eier zugeben und kräftig unterrühren. Abschließend das Salz untermengen und dann den Teig – er sollte leicht zähflüssig sein – etwa 15 Minuten abgedeckt ruhen lassen. Ein perfekter Pfannkuchenteig wirft nach dem Ruhen ein paar hübsche Bläschen an der Oberfläche. Abschließend die Hälfte des Schnittlauchs unterrühren, den Rest zum Garnieren aufbewahren.

Jetzt ein Stückchen Butter in einer kleinen beschichteten Pfanne erhitzen. Die Butter sollte richtig heiß werden und bereits beginnen, sich ein bisschen bräunlich zu verfärben. Eine Schöpfkelle Teig in die Pfanne geben. Dabei die Pfanne leicht schwenken, damit der Teig sich gut verteilt und den Pfannenboden komplett bedeckt. Aufpassen, dass der Pfannkuchen nicht zu dick wird; wir wollen später schöne, dünne Pfannkuchenstreifen. Der erste Pfannkuchen wird übrigens meistens nicht so toll. Erst wenn die Pfanne dann die richtige Temperatur hat, gelingen auch die Pfannkuchen. Den Pfannkuchen auf beiden Seiten anbraten, bis er braune Stellen aufweist, und anschließend auf einen Teller legen.

So verfahren, bis der Teig aufgebraucht ist und sich auf dem Teller ein hübscher Pfannkuchen-Stapel befindet. Abkühlen lassen, dann die Pfannkuchen einzeln aufrollen und die Rollen in feine Streifen schneiden.

Nun die Brühe in einem Topf erhitzen. Die Pfannkuchenstreifen portionsweise in bereitgestellte Suppenteller geben und mit der heißen Brühe übergießen. Zum Servieren mit den restlichen Schnittlauchröllchen garnieren.

TIPP: Meine Oma hat neben den Pfannkuchenstreifen immer noch ein bisschen Fleisch aus der Brühe als Suppeneinlage mit in unsere Teller gegeben. Das schmeckt super!

MAMAS GRÜNE: ERBSENSUPPE *mit Wiener Würstchen und gedünsteten Birnen*

Ich war eines dieser Kinder, die gerne Erbsensuppe essen, ganz im Gegensatz zu meiner Schwester, die es vor dieser gräulich grünen Suppe immer ekelte. Schon als kleines Mädchen hatte ich eine blühende Phantasie; alles um mich herum schien geheimnisvoll und von unsichtbaren, zauberhaften Wesen bevölkert. Im Sommer verbrachte ich viele Stunden in den Ästen eines Holunderstrauchs hinter dem Haus meiner Eltern. Ich stellte mir vor, in einem Schloss zu leben, und empfing dort huldvoll meine Untertanen. Mit den Nachbarskindern aus unserer Straße, vor allem aber mit meiner Freundin Nikola, die gleich nebenan wohnte, spielte ich noch viele solcher Spiele. Im Winter, wenn der Bauer von gegenüber mit seinem Traktor, an dem eine große Schaufel befestigt war, riesige Schneeklötze in unseren Garten beförderte, um die Straße frei zu bekommen, landeten wir meist auf dem Mond. Für uns Kinder waren diese Schneeberge unerforschtes Land auf einem fremden Planeten – und manchmal auch der eisige Nordpol, den es zu erobern galt.

Erfolgreiche Forscher brauchen natürlich eine gute Grundlage, um ihre kräftezehrenden Abenteuer bestehen zu können. Ich erfand viele Geschichten rund ums Essen. Die Erbsensuppe hatte ich, wie könnte es auch anders sein, von einer meiner abenteuerlichen Expeditionen aus dem All mitgebracht. In Wahrheit war diese Suppe also eine grüne Alien-Suppe, die jedem, der sie aß, magische Fähigkeiten verlieh. Das Geheimnis um »Mamas Grüne«, wie die Suppe in unserer Familie »offiziell« genannt wurde, behielt ich allerdings still für mich, denn, wie wir alle natürlich spätestens seit Harry Potter wissen, magische Kräfte können nur von demjenigen gezielt eingesetzt werden, der gelernt hat, mit ihnen umzugehen – und das war ich!
Das Rezept ist ausnahmsweise für 6 Personen berechnet – oder für 4 mit Nachschlag zum Sattessen. Es darf auch getrost etwas übrig bleiben, denn aufgewärmt schmeckt sie noch besser!

ZUTATEN FÜR DIE SUPPE:

500 g Trockenerbsen, über Nacht in kaltem Wasser eingeweicht und anschließend im Einweichwasser weich gekocht (Vorsicht: Kochwasser nicht salzen, sonst werden die Erbsen nicht richtig weich!)
2 EL Olivenöl
1 mittelgroße Zwiebel, geschält und in feine Stücke geschnitten
ca. 100 g gut durchwachsener Speck, fein gewürfelt
ca. 150 g Knollensellerie, geschält und in Stücke geschnitten
2 kleine mehligkochende Kartoffeln, ca. 250 g, geschält und in Stücke geschnitten
1 mittelgroße Möhre, ca. 100 g, geschält und in Scheiben geschnitten
1,5 l Gemüsebrühe, wahlweise Hühnerbrühe oder Hühnerfond aus dem Glas
1 TL getrockneter Majoran
1 TL getrockneter Liebstöckel
Salz und frisch gemahlener Pfeffer
Balsamicoessig
2 Paar Wiener Würstchen, in Scheiben geschnitten

ZUTATEN FÜR DIE BIRNEN:

1 EL Ghee, wahlweise Butter
1 kleine Birne, gewaschen und in feine Spalten geschnitten

AUSSERDEM:

1 großer Topf, 1 kleine, beschichtete Pfanne, Pürierstab, eine kleine Schüssel

Zubereitung:

Die Erbsen abtropfen lassen. Das Öl in einem großen Topf erhitzen. Zwiebeln und Speck scharf darin anbraten. Knollensellerie, Kartoffeln und Möhren zugeben und unter Rühren 1–2 Minuten anbraten. Dann die Erbsen zugeben und kräftig unterrühren. Mit der Gemüsebrühe aufgießen und aufkochen lassen, Majoran und Liebstöckel beigeben. Die Hitze reduzieren und die Suppe auf mittlerer Flamme köcheln lassen, bis alles gar ist.
Währenddessen in einer beschichteten Pfanne das Ghee erhitzen und die Birnenspalten unter Rühren darin dünsten, bis sie weich sind. Beiseitestellen.
Ist das Gemüse im Suppentopf weich, die Suppe pürieren und mit Salz, Pfeffer und Balsamicoessig kräftig abschmecken. Zum Servieren die Wiener Würstchen separat in eine kleine Schüssel geben, so kann sich jeder am Tisch so viel nehmen, wie er will. Die Erbsensuppe portionsweise in tiefe Teller geben und mit den gedünsteten Birnen garnieren.

TIPPS: Wenn es mal schnell gehen soll, dann kannst du statt der getrockneten Erbsen auch ca. 750 g **tiefgekühlte Erbsen** verwenden. Die musst du vorher gar nicht auftauen; einfach, wie oben im Rezept beschrieben, aus der Packung zum Gemüse geben und mitkochen lassen. Besonders lecker schmeckt Erbsensuppe übrigens mit einem kräftigen Schuss **Martini** – das ist dann allerdings die Erwachsenenvariante!

VATIS EINZIGE: BROTSUPPE

Meinen Großvater mütterlicherseits nannten wir alle, Kinder wie Enkelkinder, einfach nur »Vati«. Er war ein großer, schlaksiger Mann, dessen Herz an seiner kleinen Forellenzucht im Gartenteich, literweise Kaffee, Unmengen von Zigaretten und seiner hanseatischen Frau, unserer Omi, hing. Mein Vati war noch durch und durch ein Mann alter Schule, ihm wäre es also nie in den Sinn gekommen, sich freiwillig in die Küche an den Herd zu stellen. Doch eine Ausnahme gab es: seine Brotsuppe. Da Omi diese Suppe seiner Meinung nach nicht kochen konnte – oder nicht wollte, denn Omi kochte wahrlich nicht gerne! –, bereitete er sie sich ab und zu selbst zu.
Ich kann mich noch heute gut an die Tage erinnern, an denen der charakteristische Duft von Vatis Brotsuppe durch das kleine Haus meiner Großeltern zog. Ich habe ihn vor seinem Tod leider nie nach dem Rezept gefragt, also musste ich für ALL YOU NEED IS SOUP! ein bisschen herumexperimentieren. Ganz ehrlich, meine Suppe kommt leider nicht an Vatis Originalrezept heran, das liegt aber sicher auch daran, dass er grundsätzlich mit einer glimmenden Zigarette im Mundwinkel am Herd stand und dabei mit zugekniffenen Augen den Rauch beim Ausatmen immer schön mit in die Suppe rührte.
Überhaupt habe ich festgestellt, dass Gerichte, die man aus der Kindheit kennt, nie so wirklich nach der Zeit damals schmecken. Irgendeine geheime Zutat scheint immer zu fehlen. Mich persönlich wundert das nicht, denn die Liebe, die unsere Großeltern und Eltern mit in jede Mahlzeit hineingekocht haben, war schließlich eine der Hauptzutaten – und diese Zutat fehlt halt jetzt. Aber die Erinnerung daran wird trotzdem mit jedem Löffel Suppe wieder lebendig werden und uns ein wohliges Gefühl in Herz und Bauch zaubern. Auch wenn diese Suppe also, in Ermangelung eines Originalrezepts, nur eine »schnöde« Kopie der »echten« Brotsuppe von damals ist, meinem Vati hätte sie auch geschmeckt. Da bin ich mir ganz sicher!

ZUTATEN:

2–3 EL Öl, bevorzugt Olivenöl
1 mittelgroße Stange Lauch, ca. 250–300 g, gewaschen und in feine Ringe geschnitten
3 mittelgroße vorwiegend festkochende Kartoffeln, ca. 350 g, geschält und in mundgerechte Stücke geschnitten
2 mittelgroße Möhren, ca. 200 g, geschält und in mundgerechte Scheiben geschnitten
¼ Knollensellerie, ca. 200 g, geschält und in mundgerechte Würfel geschnitten
2 Lorbeerblätter
3 Wacholderbeeren, mit der breiten Messerseite flach gedrückt
ca. 1 l selbstgemachte Knochenbrühe, wahlweise Rinderfond aus dem Glas oder Instant-Gemüsebrühe
4 Scheiben altbackenes Bauernbrot
1 Knoblauchzehe, geschält
2–3 EL geriebener Emmentaler
1 TL getrockneter Majoran
1–2 EL krause Petersilie, gewaschen und fein gehackt (Laut Vati schmeckt krause Petersilie viel intensiver als glatte. Ich finde, er hat recht!)
Salz und frisch gemahlener Pfeffer

AUSSERDEM:

1 großer Topf, Backblech und Backpapier

Zubereitung:

Den Backofen auf 200 Grad Ober-/Unterhitze oder 180 Grad Umluft vorheizen.
In einem großen Topf das Öl erhitzen. Den Lauch zugeben und 2–3 Minuten dünsten lassen. Dann das restliche Gemüse zugeben und gut verrühren. Anschließend die Lorbeerblätter und die Wacholderbeeren hinzufügen und alles unter mehrmaligem Rühren 1–2 Minuten dünsten. Mit der Brühe aufgießen und die Suppe aufkochen lassen. Dann die Hitze auf mittlere Flamme reduzieren und die Suppe ohne Deckel sanft köcheln lassen, bis das Gemüse gar ist.
Während die Suppe vor sich hin köchelt, die Brotscheiben auf das mit Backpapier ausgelegte Blech legen. Die Brote in den vorgeheizten Ofen schieben und auf mittlerer Schiene ca. 2 Minuten leicht rösten (das geht auch im Toaster!). Noch mal kurz aus dem Rohr nehmen und die Brotscheiben jeweils auf der Oberseite kräftig mit Knoblauch einreiben. Anschließend mit Emmentaler bestreuen und das Ganze erneut in den Ofen schieben, bis der Käse geschmolzen ist. Blech aus dem Ofen nehmen und die Brotscheiben beiseitestellen.
Zur Suppe abschließend Majoran und Petersilie geben und das Ganze bei geschlossenem Deckel und ausgeschaltetem Herd noch 5 Minuten ziehen lassen. Mit Salz und Pfeffer abschmecken. Die Lorbeerblätter entfernen.
Zum Servieren die überbackenen Brotscheiben im Ganzen einzeln in tiefe Teller legen – wer mag, kann die Brote aber auch in mundgerechte Stücke schneiden – und die heiße Suppe drübergeben.

DANKBARKEITSSUPPE – JEDEM SEIN NOCKERL: GRIESSNOCKERLSUPPE

Ich veröffentliche meine Rezepte manchmal auf Facebook und berichte dort auch regelmäßig von meinen Erfahrungen als Köchin in dem kleinen Café, in dem ich regelmäßig arbeite, aber auch von meinen kulinarischen Abenteuern als Seminarköchin oder von meinen tollen, menschlichen Begegnungen während meiner Kochkurse. Außerdem lasse ich meine Facebook-Freunde immer am Entstehen meiner neuen Kochbücher teilhaben – und bekomme zum Dank viele Feedbacks.

Im Jahr 2010 brachte ich ein zweisprachiges bayerisches Kochbuch auf Deutsch und Englisch auf den Markt (Traditional Bavarian Cooking, Nymphenburger Verlag). Ein paar Monate nach Erscheinen stellte ein begeisterter Leser aus Santa Barbara in Kalifornien voller Stolz Fotos der Gerichte, die er aus meinem Buch akribisch nachgekocht hatte, auf meine Seite, und wir begannen uns daraufhin regelmäßig zu schreiben. Ein Jahr später kam Patrick zu Besuch nach München, und wir trafen uns. Es stellte sich heraus, dass er eine deutsche Mutter hatte, die im oberbayerischen Rosenheim zur Welt gekommen war. Patrick kam schon seit vielen Jahren regelmäßig nach Bayern, um Verwandte und Freunde zu treffen und auf den Spuren seiner geliebten Mum zu wandeln, die leider schon lange tot ist.

Als Patrick noch ein kleiner Junge war, kochte ihm seine Mutter in den Staaten hin und wieder Grießnockerlsuppe, sein absolutes Lieblingsgericht. Dort »drüben« gilt dieses durch und durch bayerische Gericht als exotisch, und dementsprechend stand es nicht so oft auf der Speisekarte der Familie. Doch immer wenn es sie gab, wartete Patrick mit seinem Bruder schon sehnsüchtig am Tisch darauf, dass seine Mutter »jedem sein Nockerl«, wie sie sich ausdrückte, in den Teller legte, um dann mit der leckeren, heißen Suppe aufzugießen.

Als erwachsener Mann suchte Patrick verzweifelt nach einem Rezept, das der Suppe von damals möglichst nahe kam. Er hatte es leider versäumt, seine Mama zu Lebzeiten danach zu fragen, aber schließlich fand er es in meinem Kochbuch. Seitdem kocht er regelmäßig für seine eigene Familie in Santa Barbara Grießnockerlsuppe, und immer fallen dabei auch paar euphorische Dankesworte an mich im fernen München ab.

Gerichte aus der Kindheit können uns mit großer Dankbarkeit erfüllen, weil sie uns die Erinnerungen an schöne Erlebnisse von damals zurückbringen. In meinen Kochkursen frage ich regelmäßig meine Teilnehmer nach ihren Lieblingsgerichten aus längst vergangenen Zeiten, denn diese Leibspeisen sind in der Regel mit viel Liebe verbunden. Kocht jemand für uns, dann fühlen wir uns geborgen und versorgt. Vielleicht hast du ja Lust, ebenfalls in deinen Erinnerungen zu kramen und nach deiner persönlichen Dankbarkeitssuppe Ausschau zu halten. Auf den letzten Seiten von ALL YOU NEED IS SOUP! findest du Platz zum Notieren deiner eigenen Rezepte.

ZUTATEN:

4 EL zimmerwarme Butter
½ TL Salz
1 Prise Muskat
2 Eier, Größe L
200 g Hartweizengrieß
1 l selbstgemachte Knochenbrühe, wahlweise Gemüsebrühe
Blätter von 1 Bund Petersilie, gewaschen und grob gehackt

AUSSERDEM:

1 Schüssel, 1 Topf, Rührgerät,
1 sauberes Küchentuch

Zubereitung:

Um perfekte Grießnockerl zu bekommen, kannst du dich an folgender Faustregel orientieren, die mir vor vielen Jahren der Sternekoch Markus Bischoff verraten hat: Wiege ein Ei und nimm dann genau die gleich Menge Butter. Wenn also das Ei 50 g wiegt, dann benötigst du auch 50 g Butter (das entspricht ca. 2 Esslöffeln). Bei 2 Eiern à 50 g brauchst du dementsprechend 4 Esslöffel bzw. 100 g Butter. Die Grießmenge sollte im Verhältnis stets doppelt so viel wie das Gewicht der Eier betragen. Bei nur 1 Ei à 50 g also 100 g Grieß; sind es 2 Eier mit insgesamt 100 g, dann nimmst du 200 g Grieß. Alles verstanden? Dann kann's ja losgehen:

Die weiche Butter in eine Schüssel geben und mit dem Rührgerät schaumig schlagen. Salz und Muskat zugeben und unterrühren, dann ein Ei nach dem anderen hinzufügen und alles gut verrühren. Zum Schluss den Grieß langsam einrieseln lassen und gut einrühren, bis ein fester Teig entstanden ist. Mit einem Küchentuch abdecken und ca. 30 Minuten ruhen lassen – nicht kalt stellen!

Die Brühe in einem großen Topf zum Kochen bringen. Eine kleine Schüssel mit kaltem Wasser bereitstellen. 2 Teelöffel mit kaltem Wasser befeuchten und mit einem der Löffel den Teig portionsweise abstechen. Mit Hilfe des zweiten Löffels ein kleines Nockerl formen. Die Nockerl nach und nach in die Brühe setzen und die Hitze sofort auf kleine Flamme reduzieren.

Die Grießnockerl zugedeckt 15 Minuten in der Suppe ziehen lassen. Sie sind gar, wenn sie innen nicht mehr hart sind.

Zum Anrichten die Nockerl in Suppenteller geben und mit der heißen Brühe übergießen. Mit den gehackten Petersilienblättern garnieren.

FREUNDSCHAFTSSUPPE: MANUS SCHNIBBELBOHNEN-SUPP'

Jede Woche übernachtet meine beste Freundin Dagmar bei mir. Dagmar lebt mit ihrer Familie 90 Kilometer entfernt in einer anderen Stadt. Zwei Tage die Woche arbeitet sie aber als Buchhändlerin in München. Das ist eine gute Gelegenheit, das Nützliche mit dem Angenehmen zu verbinden, denn nach einem langen Arbeitstag in der Buchhandlung kommt Dagmar zu mir nach Hause, und wir verbringen ein paar schöne Stunden zusammen. Seit ein paar Jahren hat sich zudem, zunächst aus der Not geboren, weil ich oft selbst lange arbeiten muss und keine Zeit für eine aufwendig gekochte Mahlzeit habe, ein kleines Essensritual eingebürgert: An ihren Übernachtungstagen gibt es abends immer Nudelsuppe mit Butterbrot. Mittlerweile nennen wir diese Suppe »Freundschaftssuppe«, und sie ist aus unseren wöchentlichen Treffen in meiner Küche, bevor wir müde in unsere Betten fallen, nicht mehr wegzudenken.

Eine einfache Nudelsuppe zu kochen ist nun wirklich keine große Sache, und ich kann mir kaum vorstellen, dass irgendjemand dafür ein ausführliches Rezept benötigt. Ich wollte aber unbedingt eine Freundschaftssuppe in meine Rezeptsammlung aufnehmen, weil ich die Idee so schön finde und weil ich dich dazu inspirieren möchte, vielleicht ebenfalls ein kleines Suppenritual mit lieben Freunden oder der besten Freundin ins Leben zu rufen – es muss ja nicht jede Woche sein.

Also schaute ich mich in meinem Freundeskreis um, und schnell fiel die Wahl auf meine Freundin Manu. Manu und mich verbindet eine große Liebe zum Kochen und Essen. Außerdem darf ich sie jedes Jahr für mehrere Wochen besuchen und mich in ihrem schönen, großen Haus an der Mosel einnisten, um mich ganz dem Schreiben zu widmen. Nach getaner Arbeit stehen wir dann immer gemeinsam am Herd und probieren neue Rezepte aus. Ein Großteil der Rezepte von ALL YOU NEED IS SOUP! habe ich auf ihrer wunderschönen Terrasse oder am Esszimmertisch in ihrer offenen Küche geschrieben. Es versteht sich von selbst, dass wir viele Rezepte, die Eingang in dieses Buch gefunden haben, auch zusammen gekocht und verkostet haben.

Jeder meiner Besuche bei Manu, egal ob ich nun ein Suppenkochbuch schreibe oder an einem anderen Projekt dran bin, ist gekrönt von einer Schnibbelbohnensupp', einer regionalen Köstlichkeit, die für mich untrennbar mit meiner Freundin verbunden ist.

Traditionell wird die Suppe, die eher einem Eintopf gleicht, wahlweise mit einem Klecks Schmand, scharfem Senf, Essig oder geschlagener Sahne gegessen. Ich kombiniere gerne die Senf-Variation mit ein bisschen Schmand. Aber auch mit einem Spritzer Essig oder einem Häubchen süßer Sahne schmecken die Schnibbelbohnen wirklich sensationell!

ZUTATEN:

300 g roher Schweinebauch mit Schwarte (bei uns in Bayern heißt das Wammerl)
1 l Gemüsebrühe
2 mittelgroße mehligkochende Kartoffeln, ca. 300 g, geschält und in kleine Stücke geschnitten
ca. 300 g grüne Stangenbohnen, gewaschen, von den Fäden befreit und fein geschnippelt, sprich in ganz feine Streifen geschnitten (zur Not gehen auch schon geschnippelte und abgetropfte Bohnen aus dem Glas)
2 EL getrocknetes Bohnenkraut
frisch gemahlener Pfeffer
1 Prise Muskat
evtl. Salz
wahlweise Schmand, scharfer Senf, Weinessig und geschlagene Sahne zum Verfeinern

AUSSERDEM:

1 großer Topf, 4 kleine Schüsselchen

Zubereitung:

Den Schweinebauch in einen großen Topf geben und mit der Gemüsebrühe aufgießen. Aufkochen lassen, dann auf mittlere bis kleine Hitze reduzieren und bei leicht geöffnetem Deckel ca. 1 Stunde sanft köcheln lassen, bis das Fleisch ganz weich ist. Den Schweinebauch aus dem Topf holen und leicht auskühlen lassen. Währenddessen den Herd ausschalten. Ist der Schweinebauch abgekühlt, Fett und Schwarte entfernen und das übrig gebliebene Fleisch in kleine Stückchen schneiden. Die Suppe erneut aufkochen lassen, dann Kartoffeln, Bohnen, Bohnenkraut und die Fleischstückchen zugeben. Die Hitze wieder auf mittlere Flamme reduzieren und alles bei leicht geöffnetem Deckel köcheln lassen, bis das Gemüse gar ist. Zum Schluss mit frisch gemahlenem Pfeffer, Muskat und eventuell etwas Salz abschmecken.
Schmand, Senf, Essig und geschlagene Sahne zum Servieren jeweils in kleine separate Schüsselchen füllen und auf den Tisch stellen, so kann sich jeder nehmen, was er mag, um die Suppe ganz nach eigenem Gusto zu verfeinern.

TIPPS: Du kannst auch geräucherten **Bauchspeck** statt des Schweinebauchs nehmen. Dann reduziert sich die Kochzeit am Anfang von 1 Stunde auf ca. 30 Minuten; der geräucherte Bauchspeck soll aber auch schön weich werden. Die Schnibbelbohnensupp' schmeckt mit Rauchfleisch, so heißt der Bauchspeck in Trier, zwar würziger, Manu und ich bevorzugen aber trotzdem die Variante mit dem rohen Schweinebauch.
Am **allerbesten** schmeckt die Schnibbelbohnensupp' übrigens, wenn du sie am nächsten Tag noch mal aufwärmst!

SOUP ME, BABY! – VERFÜHRUNGSSUPPE FÜR SEXY STUNDEN ZU ZWEIT ...: SCHAUMIGE ZUCKERSCHOTEN-VANILLE-SUPPE

mit Honigmandeln

Es wurden schon einige tolle Erotik-Kochbücher geschrieben, und überhaupt weiß man heutzutage sehr gut über die aphrodisierenden Wirkstoffe in vielen Gewürzen und Lebensmitteln aus aller Herren Ländern Bescheid. Schon im Mittelalter verabreichten weise Frauen Wurzeln und Kräuter, um vor allem die Libido des Mannes im wahrsten Sinne des Wortes auf Vordermann zu bringen. Allerdings handelte es sich damals wohl eher um bittere Getränke und so manch anderes ekeliges Gebräu, das man vermutlich mit zugehaltener Nase schnell hinunterkippen musste, und nicht um leckere 3-Gänge-Menüs bei Kerzenschein und romantischem Klavierspiel.

Ich persönlich finde, dass bei einem verführerischen Essen zu zweit aber vor allem der sinnliche Genuss im Vordergrund stehen muss, aphrodisierende Wirkung hin oder her! Außerdem sollte das Gericht, wie in unserem Fall die Suppe, schnell und ohne viel Aufwand zu kochen sein, denn schließlich will man ja so viel Zeit wie möglich mit dem oder der Liebsten und so wenig wie möglich in der Küche verbringen, oder?! Die Devise lautet bei dieser Suppe also: Schnell in der Zubereitung – sensationell verführerisch im Geschmack! Als ich übrigens meiner Freundin Carla erstmals von dieser Rezeptidee erzählte, befürchtete sie, dass die Suppe zu süß sein könnte. Zu unser beider Freude kommt sie allerdings sehr auswogen im Geschmack daher und schmeckt obendrein wirklich phantastisch gut!

Das Rezept ist, wie soll es auch anders sein, für 2 Personen berechnet! Zuerst werden die Mandeln zubereitet, damit sie vor dem Servieren noch schön auskühlen können.

ZUTATEN FÜR DIE HONIGMANDELN:
50 g ungeschälte Mandeln
1 TL Honig

ZUTATEN FÜR DIE SUPPE:
30 g Butter
2 Schalotten, geschält und fein geschnitten
Saft von 1 Orange
200 g Zuckerschoten, gewaschen und in kleine Stücke geschnitten (dabei die Fäden entfernen!)
700 ml selbstgemachte Geflügelbrühe, wahlweise Gemüsebrühe
200 g Sahne
½ Vanilleschote
Fleur de Sel

AUSSERDEM:
1 Topf, 1 kleine beschichtete Pfanne, 1 kleine Schüssel oder 1 Teller, Pürierstab, Schneebesen, Mixer

Zubereitung:
Als Erstes die Honigmandeln zubereiten. Dazu eine kleine beschichtete Pfanne trocken auf dem Herd erhitzen. Die Mandeln zugeben und unter mehrmaligem Schwenken rösten. Honig zugeben und mit den Mandeln gut verrühren. Das geht ganz einfach, weil der Honig in der heißen Pfanne sofort zu schmelzen und zu blubbern beginnt. Pfanne vom Herd nehmen und die Mandeln zum Abkühlen in eine kleine Schüssel oder auf einen Teller geben. Beiseitestellen.
Die Butter in einem geeignet großen Topf erhitzen und die Schalotten darin glasig dünsten. Anschließend mit dem frisch gepressten Orangensaft ablöschen und den Saft 2–3 Minuten bei mittlerer Hitze und geöffnetem Deckel etwas einreduzieren lassen. Dann die Zuckerschoten zugeben und unterrühren. Mit der Brühe aufgießen und das Ganze bei geschlossenem Deckel kochen, bis die Zuckerschoten ganz weich sind. Währenddessen die Sahne steif schlagen.
Wenn die Zuckerschoten gar sind, den Topf vom Herd nehmen und den Inhalt pürieren. Dann die Schlagsahne mit einem Schneebesen kräftig unterrühren. Die Vanilleschote mit einem Messer einritzen und das Mark herausschaben. Das Vanillemark zur Suppe geben und mit Fleur de Sel abschmecken. Den Topf mit geschlossenem Deckel auf die ausgeschaltete – aber immer noch warme – Herdplatte stellen und die Suppe ein paar Minuten ziehen lassen, damit sich das Aroma der Vanille gut entfalten kann.
Zum Servieren die Suppe in besonders schöne Teller füllen und mit den Honigmandeln garnieren. Vermutlich musst du bei den Mandeln wegen des klebrigen Honigs ein bisschen Kraft aufwenden, um sie voneinander zu trennen.

Vanille regt die Geschmacksknospen an, wodurch sich auch die anderen Sinne weiten. Honig und Sahne sind für sich allein gesehen schon verführerisch, im Honig stecken jedoch tatsächlich Wirkstoffe, die sowohl die Potenz des Mannes als auch die Fruchtbarkeit der Frau stärken. Wenn du zum Honig für die Mandeln noch eine Prise Chili gibst, dann hast du ein weiteres altbekanntes Aphrodisiakum in deiner Suppe, denn Chili bringt nachweislich das Blut in Wallung und wurde schon vor Jahrhunderten verwendet, um die Lust anzukurbeln.

SUPPENZAUBER – HIGHLIGHTS FÜR *Gäste, Party und Picknick*

Suppen kommen auf Partys eigentlich immer gut an, besonders aber zu vorgerückter Stunde und bei erhöhtem Alkoholpegel, denn spätestens um Mitternacht brauchen manche Partygänger noch mal etwas Deftiges im Magen, als weitere Grundlage für Cocktails und Co. – und damit das Aufwachen am nächsten Morgen nicht ganz so schlimm wird. Apropos »nächster Morgen«, ein würziges Süppchen, zum Beispiel in Form eines »Bullshot« – ohne Suppeneinlage natürlich, damit man nur schlürfen und nicht kauen muss –, vertreibt auch den dicksten Kater. Nun ja, fast!
Feste und Partys können aber natürlich weit mehr sein als nur schnöde Gelage, an denen man sich betrinkt, maximal gehenlässt und an die man sich am nächsten Morgen nur noch vage erinnern kann. Wahre Feste sind besondere Anlässe, an denen man die wichtigsten Stationen des Lebens oder einfach nur die Schönheit der Welt an sich feiert. Menschen kommen also zu den verschiedensten Gelegenheiten zusammen, um sich eine schöne Zeit miteinander zu machen und gemeinsam zu feiern – und eine gute Suppe darf da auf keinen Fall fehlen!

It's Partytime! – Suppen, die Laune machen

Angebersuppen – So beeindruckt man Gäste

JUST MARRIED: TRADITIONELLE HOCHZEITSSUPPE *aus meiner norddeutschen Wahlheimat*

Ich habe norddeutsche Wurzeln, meine Großmutter mütterlicherseits stammt aus Hamburg, und das erklärt wohl auch meine tiefe Liebe zum hohen Norden. Jedes Jahr reise ich »hinauf«, wie wir Bayern »hier unten« sagen, um dort Freunde zu besuchen und die herrliche Weite der Landschaft zu genießen. Mittlerweile habe ich dort einen festen Freundeskreis, der eine wunderbare Ergänzung zu meinen lieben Freunden in und um München bildet.
Fischerhude, ein wunderschönes Dorf nahe Bremen, ist das hauptsächliche Ziel meiner Reisen. Hier leben die meisten meiner norddeutschen Freunde, und ich fühle mich inmitten der schnuckeligen, reetgedeckten Häuser sehr zu Hause. Weil ich nun schon viele Jahre nach Fischerhude komme, werde ich dort auch regelmäßig zu kleinen und großen Feiern und Festlichkeiten eingeladen. Meist sind es Geburtstage, aber manchmal finde ich mich auch, bis in den Morgen hinein tanzend, auf einer rauschenden Hochzeit wieder.
Keine Hochzeit ohne Hochzeitssuppe, diese Tradition kennen wir auch im Süden des Landes, aber in Fischerhude steht diese Festtagssuppe sogar das ganze Jahr über auf den Speisekarten der beiden ortsansässigen Gasthäuser – Hochzeit hin oder her. Im Norden gibt man traditionell gekochten Spargel, Eierstich und »Balken«, das sind feine Fleischklößchen, in die Suppe, deren Basis entweder Geflügelbrühe oder Rinderbrühe ist. In den südlichen Bundesländern kennen wir sie meist mit Pfannkuchenstreifen, Markklößchen, Grießnockerl und manchmal auch statt der Nockerl mit Maultaschen. Lecker sind beide Varianten, und natürlich haben all diese Suppeneinlagen, egal ob aus dem Norden oder dem Süden, eine ganz bestimmte, glückbringende Bedeutung. Warum die Hackbällchen allerdings mancherorts im Norden »Balken« genannt werden, konnten mir meine dort ansässigen Freunde auch nicht beantworten. Aber eines ist sicher, alle Zutaten stehen für ein langes, glückliches Leben als Ehepaar, für Lebensfülle, Zufriedenheit und allem voran für Fruchtbarkeit.
Das Rezept ist für 6 Personen als Vorspeise berechnet. Wenn du die Suppe einfach so, ohne festlichen Anlass, als Hauptgericht servieren möchtest, ist die Menge für 4 Personen zum Sattessen, also mit Nachschlag, optimal.
Eine Hochzeitsuppe zu kochen ist relativ aufwendig, weil sie so viele unterschiedliche Arbeitsschritte hat. Du kannst aber Spargel und Eierstich bereits am Vortag zubereiten und im Kühlschrank zwischenlagern. Die selbstgemachte Brühe hast du vielleicht auch noch im Tiefkühler vorrätig, ansonsten ist es ratsam, auch sie schon am Vortag zu kochen.

FÜR DIE SUPPENEINLAGEN
ZUTATEN FÜR DEN EIERSTICH:

2 Eier, Größe M
1/8 l Milch
1 Prise Muskat
Salz

AUSSERDEM:

1 Schüssel, 2 Tassen, Backpinsel, geschmacksneutrales Speiseöl zum Auspinseln der Tassen, Alufolie, 1 Topf

Zubereitung:

Die Eier zusammen mit der Milch in eine Schüssel geben und kräftig miteinander verquirlen. Mit Muskat und Salz abschmecken. Die Eiermischung je zur Hälfte in zwei Tassen füllen, die vorher mit etwas Öl ausgepinselt wurden – so lässt sich der Eierstich später besser stürzen. Die Tassen gut mit Alufolie abdecken und in einen Topf stellen. Wasser einfüllen, und zwar in gleicher Höhe wie die Eiermasse in den Tassen. Das Wasser, in dem die Tassen stehen, erhitzen und die Eimasse dann auf mittlerer Flamme im Wasserbad in ca. 20–25 Minuten langsam stocken lassen.
Den Eierstich vorsichtig aus den Tassen stürzen, leicht auskühlen lassen und anschließend in Rauten schneiden. Abgedeckt beiseitestellen.

ZUTATEN FÜR DEN SPARGEL:

30 g Butter
1 TL Zucker
1 TL Salz
200 g weißer Spargel, geschält

AUSSERDEM:

1 Topf, Sieb

Zubereitung:

Während die Eier im Wasserbad stocken, reichlich Wasser in einem Topf zum Kochen bringen. Butter, Zucker und Salz zugeben. Den Spargel einlegen und auf mittlerer Flamme in ca. 5–8 Minuten gar kochen. Durch ein Sieb abgießen. Den gekochten Spargel in mundgerechte Stücke schneiden und beiseitestellen.

ZUTATEN FÜR DIE FLEISCHKLÖSSCHEN:
150 g sehr fein durchgedrehtes Hackfleisch, halb und halb (frag deinen Metzger, ob er so nett ist, dir das Fleisch zweimal durchzudrehen, dann bekommst du genau die richtige Konsistenz)
1 kleines Ei
1 EL Paniermehl bzw. Semmelbrösel
Salz und frisch gemahlener Pfeffer

AUSSERDEM:
1 Schüssel

Zubereitung:
Hackfleisch, Ei und Paniermehl in einer Schüssel miteinander vermischen. Die Masse soll sich gut zu kleinen Bällchen formen lassen, also gegebenenfalls noch etwas Paniermehl zugeben. Mit Salz und Pfeffer kräftig abschmecken und anschließend zu walnussgroßen Bällchen drehen. Die Bällchen werden direkt in der Brühe gekocht, also kurz beiseitestellen, bis die Brühe heiß ist.

ZUTATEN FÜR DIE SUPPE:
ca. 1,5 l klassische, selbstgemachte Geflügel- oder Rinderbrühe (falls du dich für eine Geflügelbrühe entscheidest, dann lass den frischen Rosmarin weg, denn der passt in dem Fall geschmacklich nicht so gut)
1 Bund Schnittlauch, gewaschen und in feine Röllchen geschnitten

AUSSERDEM:
1 großer Topf

Finale Zubereitung der Suppe:
Die Brühe in einem entsprechend großen Topf erhitzen und kurz aufkochen lassen. Anschließend die Hitze so weit reduzieren, dass die Flüssigkeit nur noch leise vor sich hin simmert. Die »Balken«, sprich die Hackbällchen, einlegen und langsam in ca. 10 Minuten gar ziehen lassen. Dann den Topf vom Herd nehmen, den Spargel zugeben und die Suppe mit geschlossenem Deckel ein paar Minuten ziehen lassen. Zum Servieren den Eierstich portionsweise in festliche Suppenteller geben. Die Suppe mit ein paar »Balken« und Spargelstückchen darübergeben und zum Abschluss mit Schnittlauch garnieren.

TIPP ZUR BRÜHE: Beim Probekochen dieser Suppe entschied ich mich für Geflügelbrühe. Dieses Mal kaufte ich jedoch mein Huhn bei einem Bauern auf dem Wochenmarkt und nicht beim Metzger meines Vertrauens. Der nette Mann hinter seinem Marktstand riet mir zu einem extrem fleischarmen **Suppenhuhn**, weil das angeblich eine geschmacklich viel intensivere und kräftigere Brühe geben würde. Bei so einem **»dürren«** Huhn könne man auf zusätzliches Hühnerklein und Gelenk- oder Markknochen also getrost verzichten. Gesagt, getan, und das Ergebnis war wirklich beeindruckend lecker.

SOUP TO GO – DIE ULTIMATIVE PICKNICKSUPPE: GELBE-PAPRIKA-SUPPE
mit gerösteten Fenchelsamen

ZUTATEN:

ca. 1,5 kg gelbe Paprikaschoten (je nach Größe ca. 8–9 Stück), gewaschen, von den Stielen befreit, entkernt und grob geviertelt
Olivenöl
2–3 frische Thymianzweige, gewaschen
4 Knoblauchzehen, geschält und halbiert
1 rote Chilischote, gewaschen und halbiert, nach Belieben von den Kernen befreit
Meersalz
frisch gemahlener Pfeffer
ca. 600 ml Gemüsebrühe
Saft und Zesten von ½ Bio-Zitrone (Schale vorher unter fließend heißem Wasser waschen)
evtl. 2 TL Zucker
ca. 1 ½ TL Fenchelsamen, trocken in der Pfanne geröstet

AUSSERDEM:

Backblech, Backpapier, 1 Topf, Pürierstab, 1 kleine beschichtete Pfanne

Zubereitung:

Den Backofen auf 220 Grad Ober-/Unterhitze oder 200 Grad Umluft vorheizen. Ein Backblech mit Backpapier auslegen. Die Paprikaviertel in eine große Schüssel geben und großzügig mit Olivenöl beträufeln. Thymianzweige, Knoblauchzehen, Chilischote, Meersalz und Pfeffer zugeben und alles kräftig – am besten mit nassen Händen – durchmischen. Anschließend das Backblech mit Backpapier auslegen. Den Inhalt der Schüssel gleichmäßig auf dem Blech verteilen und auf der obersten Schiene im Ofen backen, bis die Paprikaschoten weich, die Schalen aber noch nicht schwarz sind.
Die Paprika – mitsamt dem Saft vom Backblech – zusammen mit der Gemüsebrühe in einen großen Topf geben, Thymianzweige und gegebenenfalls auch die Chili und die Knoblauchzehen entfernen. Das Ganze pürieren, anschließend mit Meersalz, Pfeffer, Zitronensaft und -zesten, Zucker und Olivenöl abschmecken. Gegebenenfalls noch etwas Gemüsebrühe zugeben, falls die Suppe noch zu dickflüssig ist. Zum Schluss die Suppe noch einmal kurz aufkochen lassen. Mit den gerösteten Fenchelsamen bestreut servieren.

TIPP: PIMP UP YOUR SOUP Falls diese Suppe tatsächlich während eines Picknicks zum Einsatz kommt, kannst du die gerösteten Fenchelsamen in einer kleinen, verschließbaren Dose mitnehmen. Überhaupt sind verschiedene Zutaten zum Aufpeppen super. So kann sich jeder seine Suppe ganz nach Gusto selbst gestalten. Wie wäre es zum Beispiel mit frischem Basilikum oder gerösteten Croûtons? Auch frisch geriebener Parmesan, eine Gremolata (einfach ein Bund fein gehackte Petersilienblätter, Zesten von 1 Bio-Zitrone und eine klein gehackte Knoblauchzehe miteinander vermischen) oder ein Schuss Sherry eignen sich hervorragend, um der Suppe zusätzlichen Pep zu verleihen.

Das Tolle an dieser Suppe ist, dass sie lauwarm bzw. kalt genauso gut schmeckt wie heiß. Du musst dich also überhaupt nicht stressen, egal wie weit der Weg zum optimalen Picknickplatz auch sein mag. Die Suppe darf gerne auch komplett abkühlen, bevor du sie für dein Picknick einpackst. Wenn du sie kalt mitnimmst, musst du sie aber vorher noch mal kräftig abschmecken, denn durch die Kälte verliert sie an Geschmack und Würze.

EIN WG-KLASSIKER GEHT MIT DER ZEIT: CHILI SIN CARNE

Weil Sojagranulat nicht so würzig ist wie Hackfleisch, das meistens beim Chili con carne verwendet wird, sondern eher einen nussigen Geschmack hat, verwenden wir hier im Rezept noch zusätzlich Staudensellerie. Das ist zwar keine klassische Zutat für ein »Chili«, aber trotzdem eine tolle Sache.
Mit diesem Rezept können alleine locker 6–8 Leute satt werden, meistens gibt es aber bei Partys auf dem Buffet eh noch mehr zum Futtern, so dass dir die angegebene Menge vielleicht auch bei einer größeren Anzahl von Gästen ausreicht – ansonsten einfach den Anteil an Bohnen und Mais verdoppeln und gegebenenfalls noch eine zusätzliche Dose stückige Tomaten zugeben. Mehr Sojagranulat würde das Chili mit seinem Eigengeschmack allerdings zu sehr dominieren.

ZUTATEN:

2 große rote Paprikaschoten, gewaschen, vom Stiel befreit, entkernt und geviertelt
2 EL Olivenöl
2 kleine Zwiebeln, geschält und fein geschnitten
2 Knoblauchzehen, geschält und fein geschnitten
2–3 frische rote Chilischoten (je nachdem, wie scharf du es möchtest), gewaschen, nach Belieben von den Kernen befreit und in feine Ringe geschnitten
2 EL Tomatenmark
2–3 EL Tomatenketchup
4 Stangen Staudensellerie, ca. 300 g, gewaschen und fein gewürfelt
3 getrocknete Lorbeerblätter
250 g Sojagranulat, in 500 ml heißer Gemüsebrühe 30 Minuten lang eingeweicht, anschließend, falls noch Restbrühe vorhanden ist, durch ein feines Sieb abgetropft
1 Dose stückige Tomaten à 400 g
2 Dosen Kidneybohnen à 250 g Abtropfgewicht, gewaschen und abgetropft
1 Dose Maiskörner à 285 g Abtropfgewicht, gewaschen und abgetropft
Salz und frisch gemahlener Pfeffer
Sojasoße
optional: frisches Koriandergrün, gewaschen und fein gehackt
Baguette, in Scheiben geschnitten

AUSSERDEM:

Backblech, Backpapier, Plastiktüte, 1 großer Topf

Zubereitung:

Zuerst werden die Paprikaschoten zubereitet. Dazu den Backofen auf 220 Grad Ober-/Unterhitze oder 200 Grad Umluft vorheizen. Ein Backblech mit Backpapier auslegen und die geviertelten Paprikastücke mit der Hautseite nach oben auf das Blech legen. Auf oberster Schiene im Rohr garen, bis sich die Haut schwarz färbt und Blasen wirft. Das Blech aus dem Ofen nehmen, die Schoten noch heiß in eine Plastiktüte legen und diese verknoten, so lässt sich anschließend die Haut viel besser abziehen. Die Paprika in der Tüte auskühlen lassen, dann die Haut abziehen (es macht nichts, wenn noch etwas Haut dranbleibt). Das Fruchtfleisch in mundgerechte Stücke schneiden und beiseitestellen.

In einem großen Topf das Olivenöl erhitzen und Zwiebeln, Knoblauch und Chilischoten darin anbraten, bis die Zwiebeln glasig sind. Anschließend Tomatenmark und -ketchup unterrühren. Dann Staudensellerie, Lorbeerblätter und das eingeweichte Sojagranulat zugeben und alles gut miteinander verrühren. Die Hitze reduzieren, dann nach 1–2 Minuten die Paprikastücke unterrühren und das Ganze mit den stückigen Tomaten aus der Dose aufgießen. Die Dose noch mal bis zum Rand mit Wasser füllen und zum Topfinhalt geben. Das Ganze bei reduzierter Hitze auf mittlerer Flamme und mit geschlossenem Deckel ca. 10 Minuten köcheln lassen. Zum Schluss die Bohnen und den Mais hinzufügen, mit Salz, Pfeffer und Sojasoße kräftig abschmecken und noch mal ca. 10 Minuten köcheln lassen. Dann den Herd ausschalten und das Chili bei geschlossenem Deckel ca. 15 Minuten schön durchziehen lassen. Vor dem Servieren die Lorbeerblätter entfernen. Das Chili nach Belieben mit Koriandergrün bestreuen. Mit Baguette reichen.

TIPPS: Das Chili kannst du gut schon am Vortag oder am Morgen der Party vorbereiten – einfach am Abend oder in der Nacht wieder aufwärmen.
Manche nehmen statt Sojagranulat auch **Sojageschnetzeltes** – das schmeckt auch lecker, probier's aus!

GARANTIERT NICHT AUS DER DOSE:
GULASCHSUPPE *mit Rotwein*

Für all die vielen verschiedenen Rezepte in ALL YOU NEED IS SOUP! brauchte ich unterschiedliche Testesser. Es lag natürlich nahe, die Gulaschsuppe von zwei bekennenden Partygängern verkosten zu lassen. Die Wahl fiel auf meinen Friseur Kaan und seinen Kumpel und Kompagnon Giuseppe. Kaan und Giuseppe haben vor kurzem im Münchner Schlachthofviertel – der Name ist doch wirklich prädestiniert für einen Gulaschsuppen-Testlauf, oder? – ihren ersten eigenen Salon aufgemacht und kommen vor lauter Kundschaft kaum zum Essen.
Am Tag der Verkostung begann ich schon am Morgen mit der Zubereitung, denn die Suppe musste pünktlich zur Mittagspause im Friseursalon sein. Eine gute Gulaschsuppe braucht Zeit; sie sollte mindestens 2 Stunden vor sich hin köcheln dürfen, damit das Fleisch schön zart wird und sich alle Zutaten zu einer köstlichen »Einheit« miteinander verbinden können. Schließlich war das Werk vollbracht. Ich packte den Topf in Geschirrtücher, damit die Suppe auf der Fahrt durch die Stadt nicht kalt werden würde, und schwang mich auf mein Fahrrad. Die Tasche mit dem Suppentopf hatte ich auf dem Gepäckträger festgezurrt. Bei den Schlachthof-Friseuren angekommen, war ich gerade dabei, den Topf vom Rad zu hieven, als sich mir ein Mann näherte, der mir vage bekannt vorkam. Bei näherem Hinsehen entpuppte er sich als meine allererste große Liebe. Die Wiedersehensfreude war riesig! Roland ist mittlerweile ein angesagter Gastronom in der Stadt, sein Restaurant ist meist über Wochen im Voraus ausgebucht. Doch an diesem Tag hatte er Ruhetag, und so willigte er freudig ein, zusammen mit Kaan, Giuseppe und mir meine Suppe zu verkosten.

Meine drei Testesser nahmen ihren Job übrigens sehr genau, und so ließ Kaan mich wissen, dass die Suppe nicht scharf genug sei. Deswegen habe ich am Ende noch optional die Chilischoten hinzugefügt. Giuseppe war die Suppe zu kalt, das lag aber nicht an mir, sondern daran, dass er zu spät zum Essen kam. Roland lobte meine Suppe über den grünen Klee, das lag aber vermutlich auch an der großen Wiedersehensfreude! Seinen Tipp, die Menge Tomatenmark von 2 auf 3 Esslöffel zu erhöhen, habe ich dennoch brav befolgt.
Das Rezept ist wie so oft auf 4 Personen ausgerichtet – für deine Party kannst du die Mengenangaben einfach verdoppeln oder, je nach Anzahl der Gäste, vielleicht sogar verdreifachen.

ZUTATEN:

50 g Butter
2 kleine Zwiebeln, geschält und fein geschnitten
1 Knoblauchzehe, geschält und fein geschnitten
2 Stangen Staudensellerie, ca. 200 g, gewaschen und in kleine Würfelchen geschnitten
3 EL Tomatenmark
1 gehäufter EL Rosenpaprika
1 EL Balsamicoessig
¼ l Rotwein
2 Lorbeerblätter
3–4 Wacholderbeeren
1 TL getrockneter Majoran
5–6 rote Pfefferkörner
1 Msp. gemahlener Kümmel
500 g mageres Rindfleisch, in ca. 1 cm kleine Würfel geschnitten
750 ml Wasser
3 mittelgroße mehligkochende Kartoffeln, ca. 400 g, geschält und 1 cm kleine Würfel geschnitten
400 ml selbstgemachte Knochenbrühe, wahlweise
1 Glas Kalbsfond à 400 ml
Meersalz und frisch gemahlener Pfeffer
optional: 2 frische rote Chilischoten, gewaschen, nach Belieben von den Kernen befreit und in feine Ringe geschnitten
frisches Weißbrot oder Baguette, in Scheiben geschnitten

AUSSERDEM:

1 großer Topf

Zubereitung:

Die Butter in einem großen Topf erhitzen und Zwiebeln, Knoblauch und Sellerie darin andünsten, bis die Zwiebeln glasig sind. Tomatenmark und Rosenpaprika zugeben und unter Rühren anbraten, dabei aufpassen, dass beides nicht anbrennt, sonst wird der Rosenpaprika bitter. Mit Balsamico und Rotwein ablöschen, gleichzeitig die Hitze auf mittlere Flamme reduzieren. Die Kräuter und Gewürze dazugeben, anschließend das Fleisch. Alles gut unterrühren. Mit 500 ml Wasser aufgießen und bei geschlossenem Deckel ca. 20 Minuten köcheln lassen. Ist das Fleisch gar, die Kartoffeln zugeben und mit der Knochenbrühe bzw. dem Kalbsfond sowie den restlichen 250 ml Wasser aufgießen. Die Suppe mit Meersalz und Pfeffer kräftig abschmecken und noch einmal kurz aufkochen lassen.
Währenddessen den Backofen auf 180 Grad Ober-/Unterhitze (keine Umluft!) vorheizen. Den Topf vom Herd nehmen und die Gulaschsuppe ca. 2 Stunden im Ofen »schmoren« lassen. Die Kartoffeln sollten danach regelrecht zerfallen sein. Die Lorbeerblätter entfernen.
Zum Anrichten die Gulaschsuppe in vorgewärmte Suppenteller geben und wahlweise mit frischem Chili garnieren. Mit Weißbrot oder Baguette servieren. Die Teller kannst du praktischerweise vorab, kurz nachdem du die Suppe aus dem Ofen genommen hast, 1–2 Minuten im noch heißen Backrohr vorwärmen.

THE DAY AFTER – DIE AM-MORGEN-DANACH-KATERSUPPE: »BULLSHOT« – HOMEMADE RINDERBRÜHE »ASIA STYLE« *mit verkleppertem Ei und Tabasco*

Es gibt diese herrlichen Nächte, in denen man mit Freunden eine ausgelassene Party feiert oder am Tresen einer angesagten Bar gepflegt versumpft, ohne über die Folgen am darauffolgenden Tag nachzudenken. Doch so schön diese Abende auch sind, das Aufwachen am nächsten Morgen kann manchmal äußerst unangenehm sein, denn meist hat sich über Nacht ein dicker, fetter Kater im Körper breitgemacht. Diese fiesen Folgeerscheinungen einer durchzechten Nacht entstehen vor allem dadurch, dass der Alkohol dem Körper sehr viel Wasser entzieht; er dehydriert.

Kein Mensch stellt sich bei Katzenjammer gerne stundenlang in die Küche an den Herd, um sich ein heilsames Süppchen zu zaubern. Also schlägt nun die Stunde deiner Tiefkühltruhe bzw. der Vorratskammer. Vielleicht hast du dich ja schon an das Rezept für die hausgemachte Knochenbrühe herangewagt, oder du hast bereits die leckere asiatische Nudelsuppe nachgekocht. In beiden Fällen bist du jetzt super ausgestattet und musst deine Rinderbrühe nur noch auftauen oder aus dem Regal holen. Am besten passt übrigens die asiatische Brühe als Basis für den Bullshot, denn sie ist mit Galgant und Ingwer angereichert, beides tolle Energielieferanten bei schwacher Körperkonstitution.

Den Namen »Bullshot« haben mir ein paar gestandene Jungs verraten; er ist unter regelmäßigen Kneipengängern wohl bekannt und bezeichnet eine kräftige, gut gesalzene Brühe, in der Regel mit Tabasco verfeinert, die einen nach einer wilden Nacht wieder in Schwung bringen soll. Ein sogenannter »Shot« wird eigentlich in einem kleinen Glas serviert; da man nach einer durchzechten Nacht aber, wie wir bereits wissen, viel Flüssigkeit braucht, verwenden wir in diesem Rezept große Kaffee- bzw. Teebecher oder Tassen.

Das verklepperte Ei war übrigens erst mal meine Idee, jedenfalls bis zu jenem Zeitpunkt, an dem mich meine Jungs eines Besseren belehrten. Es wird von Insidern wohl schon seit Jahrzehnten als stärkende Zutat mit in den »Bullshot« gegeben. Nun denn, man lernt ja nie aus ... hier also ein klassischer Bullshot mit Ei. Gute Besserung!

ZUTATEN FÜR 1 PERSON:

300 ml Knochenbrühe bzw. asiatische Rinderbrühe, wahlweise gekaufter Rinderfond aus dem Glas (so machen es meine Jungs immer), gegebenenfalls mit etwas Wasser verdünnt
1 Ei
2–3 Spritzer Tabasco
evtl. Salz

AUSSERDEM:

1 Topf, 1 kleine Schüssel, 1 große Tasse oder Kaffeebecher

Zubereitung:

Die Brühe in einen Topf geben und zum Kochen bringen, dann die Hitze auf kleine Flamme reduzieren. Das Ei in einer kleinen Schüssel aufschlagen, mit einer Gabel locker verkleppern und anschließend unter ständigem Rühren in den Topf zur Brühe geben, alles noch mal kurz mit der Gabel kräftig durchschlagen. Mit Tabasco und eventuell noch etwas Salz abschmecken. Die Brühe darf gerne etwas würziger bzw. salziger als sonst sein, so kommt dein Elektrolythaushalt besser auf Touren. In eine große Tasse geben und heiß trinken.

LASST DIE KORKEN KNALLEN:
CHAMPAGNERSCHAUMSÜPPCHEN *mit Blutorange und karamellisierten Möhrchen*

Dieses Rezept haben meine Kochkollegin Anna und ich eines Morgens im Gartensalon, dem Café, in dem wir beide arbeiten, aus einer spontanen Laune heraus zusammen kreiert. Wir waren gerade dabei, das Mittagsgericht, es gab Kartoffelauflauf mit Möhrenrohkost und selbstgemachtem Apfelmus, vorzubereiten, als wir anfingen, uns in der Phantasie neue Suppen auszudenken – und uns dabei gegenseitig mit den ausgefallensten Ideen zu übertrumpfen, ohne überhaupt zu wissen, ob das Ganze in der Realität tatsächlich umsetzbar ist. Wenn man aber als Köchin arbeitet, und sei es, wie in meinem Fall, auch nur gelegentlich, dann bekommt man schon ein Gespür dafür, welche Lebensmittel und Gewürze gut zusammenpassen könnten, auch wenn die Mischung auf den ersten Blick ungewöhnlich scheinen mag. Das Gehirn hat im Laufe der Zeit auf geheime Weise abgespeichert, welche Zutaten miteinander harmonieren und welche nicht. Der Geschmackssinn hat sich erweitert und lässt dadurch auch Kombinationen zu, die auf den ersten Blick vielleicht abenteuerlich erscheinen. Als ich dann nach Feierabend nach Hause kam, machte ich mich gleich daran, unsere köstliche Champagnerschaumsuppen-Phantasie wahr werden zu lassen – et voilà, sie ist wahrlich ein Traum! In der Regel ist Champagner viel zu teuer, um ihn in den Suppentopf wandern zu lassen. Für den Alltag kannst du ihn prima durch Prosecco oder einen qualitativ hochwertigen Sekt – und in der Not auch durch einen trockenen Weißwein – ersetzen. Champagner hat mehr Säure als andere Schaumweine, das musst du beim Kochen der Suppe berücksichtigen. In der Regel wird die Säure eh schon durch die karamellisierten Möhren gemildert und ausgeglichen, es kann aber sein, dass du beim Abschmecken noch ein bisschen Süße zugeben musst. Ich stäube dann einfach etwas Puderzucker in die Suppe, der löst sich sofort auf und süßt auf milde Art.

Anders als vielleicht erwartet, ist das Champagnersüppchen in der Zubereitung überhaupt nicht aufwendig. Die Suppe ist als Vorspeise und Appetitanreger für ein schönes Festmahl für 4 Personen gedacht, daher ist die Menge nicht allzu groß.

ZUTATEN:

60 g Butter, davon die Hälfte kalt und in kleine Stücke geschnitten
2 Schalotten, geschält und in feine Würfel geschnitten
2 mittelgroße Möhren, ca. 200 g, geschält und in feine Scheiben geschnitten
1 TL Puderzucker
Saft von 1 Blutorange
¼ l Champagner bzw. Prosecco
700 ml selbstgemachte Geflügelbrühe, wahlweise Geflügelfond aus dem Glas
100 g Sahne
Fleur de Sel
frisch gemahlener weißer Pfeffer
Zesten von ½ Bio-Blutorange (Schale vorher unter fließend heißem Wasser waschen)

AUSSERDEM:

1 Topf, Pürierstab oder Küchenmaschine, Schneebesen, Rührgerät

Zubereitung:

Die nicht in kleine Stücke geschnittene Hälfte der Butter in einem geeignet großen Topf erhitzen, die Schalotten zugeben und unter Rühren in 1–2 Minuten glasig dünsten. Dann die Hitze auf mittlere Flamme reduzieren. Die Möhren zugeben und unterrühren, den Puderzucker darüberstäuben. Das Ganze unter mehrmaligem Umrühren 1–2 Minuten dünsten, anschließend mit dem Blutorangensaft ablösen. Die Hitze auf kleine Flamme reduzieren und den Saft leicht einreduzieren lassen, dabei immer wieder umrühren. Nun mit Champagner bzw. Prosecco aufgießen und die Hitze wieder auf mittlere Flamme erhöhen. Bei geöffnetem Deckel ca. 3–4 Minuten köcheln lassen, danach mit der Geflügelbrühe aufgießen. Die Suppe einmal aufkochen lassen, dabei gegebenenfalls die Hitze kurz erhöhen, dann auf kleiner bis mittlerer Flamme bei geschlossenem Deckel köcheln lassen, bis die Möhren weich sind. Anschließend die Suppe vom Herd nehmen und noch im Topf (oder in der Küchenmaschine) pürieren. In die noch heiße Suppe stückchenweise die kalte Butter geben und mit einem Schneebesen unterziehen.
Die Suppe mit geschlossenem Deckel beiseitestellen.
Die Sahne mit einem Rührgerät halbfest schlagen. Anschließend in die Suppe geben und vorsichtig unterrühren. Mit Fleur de Sel und weißem Pfeffer abschmecken.
Zum Anrichten die Suppe in festliche Teller füllen und mit Blutorangen-Zesten garnieren. Du kannst das Schaumsüppchen zum Servieren auch in große Glaskelche füllen, das sieht besonders schön aus, weil dann die orangefarbene Suppe unter dem Schaum so gut zur Geltung kommt. Überhaupt kann man Suppen generell prima aus großen Gläsern löffeln.

TIPPS: Du kannst auch gleich einen ganzen Becher **Sahne** (200 g) halbfest schlagen. Die eine Hälfte kommt in den Topf, und mit dem Rest wird die Suppe beim Servieren jeweils mit einem großzügigen Klecks garniert. Obenauf kommen dann wieder, als krönender Abschluss quasi, die Zesten.

GRUSS AUS DER STERNEKÜCHE:

FENCHELCREMESUPPE *mit Sternanis und glasierter Riesengarnele*

Dieses Rezept stammt aus einem kleinen, aber sehr feinen französischen Restaurant, in dem ich regelmäßig zu Gast bin. Jean-Marc, der Besitzer des »Les Cuisiniers«, und Sabine, seine Lebensgefährtin, sind meine Freunde, und das bedeutet im Klartext, dass ich hin und wieder zum Verkosten der Weine und der neuesten Essenskreationen eingeladen bin.

Manchmal warten auch Reste von Champagner oder Crémant darauf, von uns »vernichtet« zu werden – übrig geblieben von Events, die regelmäßig im Restaurant stattfinden, oder von Familienfeiern vom Vortag. Dann sitzen wir bis ein oder zwei Uhr morgens im Lokal beisammen und lassen es uns genauso gutgehen wie der sprichwörtliche Gott in Frankreich. Zu vorgerückter Stunde bzw. nach dem vierten oder fünften Glas Schaumwein beginnen wir dann über neue Rezeptideen zu fachsimpeln und machen uns, vom vielen Reden hungrig geworden, über die Reste in der Küche her.

Diese Fenchelcremesuppe gehört zum Standardrepertoire im »Les Cuisiniers« – die Idee, dazu glasierte Riesengarnelen zu servieren, erblickte in einer dieser schaumweinseligen Nächte das Licht der Welt. Der Sahneanteil von 400 g im Rezept wird dir vielleicht ein bisschen hoch vorkommen, aber die Franzosen wissen eben, was gut ist, und singen seit jeher, ohne sich um zeitgemäß fettarme Küchentrends zu scheren, ein Loblied auf die sinnlichen Genüsse. Jean-Marcs Rezept wartet im Original übrigens mit 750 g Sahne auf – also kein Grund, sich hier zu beschweren!

ZUTATEN FÜR DIE RIESENGARNELEN (4 STÜCK):

4 frische Riesengarnelen (1 pro Person), von Darm und Schale befreit (das macht dein Fischhändler für dich)
2–3 EL Reissirup
1 ½ EL frisch gepresster Orangensaft
Zesten von ¼ Bio-Orange (Schale vorher unter fließend heißem Wasser waschen)
½ TL grobes Chilipulver
1 Prise Salz

ZUTATEN FÜR DIE SUPPE:

60 g Butter
3 Schalotten, geschält und fein geschnitten
2 große Fenchelknollen, ca. 1 kg, gewaschen, von den grünen Enden befreit und in kleine Stücke geschnitten – Fenchelgrün zum Garnieren beiseitelegen
2 Sternanise
800 ml homemade Geflügelbrühe, wahlweise gekauften Geflügelfond aus dem Glas oder Gemüsebrühe
400 g Sahne
Fleur de Sel und frisch gemahlener Pfeffer

AUSSERDEM:

1 kleine Schüssel, Backpapier, Backblech, Backpinsel, Pürierstab oder Küchenmaschine, Rührgerät

Zubereitung:

Mit den Riesengarnelen beginnen. Dazu den Backofen auf 150 Grad Oberhitze vorheizen. Den Reissirup in einer kleinen Schüssel mit Orangensaft, Zesten, Chilipulver und Salz vermischen. Die Riesengarnelen auf ein mit Backpapier ausgelegtes Backblech legen und jeweils auf der Oberseite mit der Mischung einpinseln. Auf oberster Schiene ca. 30 Minuten im Rohr sanft garen lassen.

Während die Garnelen im Ofen garen, die Butter in einem großen Topf erhitzen und die Schalotten darin glasig dünsten. Den Fenchel und die Sternanise zugeben, mit der Brühe aufgießen und die Hitze auf mittlere Flamme reduzieren. Bei geschlossenem Deckel den Fenchel kochen, bis er weich ist. Anschließend die beiden Sternanise entfernen und beiseitelegen. Den Topf vom Herd nehmen, den Topfinhalt fein pürieren, dann 200 g Sahne zugeben und unterrühren. Die Suppe noch einmal kurz aufköcheln lassen. Währenddessen die restliche Sahne mit dem Rührgerät steif schlagen. Die Suppe vom Herd nehmen und die geschlagene Sahne unterrühren, bis auf der Oberfläche ein schöner Schaum entsteht. Die beiden Sternanise wieder mit in den Topf geben und die Suppe mit geschlossenem Deckel auf der ausgeschalteten Herdplatte ziehen lassen, bis die Riesengarnelen fertig sind. Vor dem Servieren mit Fleur de Sel und Pfeffer abschmecken.

Zum Servieren die Suppe in bereitgestellte Teller füllen und jeweils obenauf eine Garnele legen. Mit Fenchelgrün garnieren.

Jahreszeiten-SUPPEN

Jede Jahreszeit hat ihre ganz bestimmten Wohlfühlsuppen. Im Frühling kann unser Körper nicht genug Vitamine bekommen, um nach der langen Winterpause wieder auf Touren zu kommen. Er lechzt förmlich nach frischem Gemüse und grüner Power. Im Sommer verlangt er hingegen nach Leichtigkeit, nichts soll ihn jetzt unnötig belasten – Abkühlung in jeder Hinsicht ist angesagt. Im Herbst ernten die Menschen die Früchte des Sommers, und der Körper bereitet sich auf die kommende Kälte vor. Jetzt dürfen die Suppen wieder etwas dicker und gehaltvoller werden. Im Winter helfen uns Suppen und Eintöpfe, uns von innen heraus zu wärmen – und was gibt es Schöneres, als nach einem Spaziergang im Schnee in eine schöne heiße und nahrhafte Suppe zu pusten?!

Weg mit der Frühjahrsmüdigkeit – Frühlingssuppen

Abkühlung gefällig? – Sommersuppen

Mit heißer Suppe Stürmen trotzen – Herbstsuppen

Jetzt was Warmes und Gesundes – Wintersuppen

POPEYES FAVORITE – GEBALLTE POWER NACH LANGEN WINTERMONATEN: SPINAT-BÄRLAUCH-CREMESUPPE *mit hartgekochtem Ei*

Als Kind mag man ja eigentlich nichts Grünes, doch diese Suppe, die meine Oma hin und wieder für mich und ihre anderen Enkelkinder kochte, liebte ich sehr. Vor allem natürlich auch, weil grüne Suppen regelmäßig meine Phantasien in Sachen Außerirdische anregten, wie du spätestens seit »Mamas Grüner« weißt.

Um ehrlich zu sein, meine Großmutter verwendete nie frischen Blattspinat, wie im Rezept angegeben, sondern griff jedes Mal beherzt zum aufgetauten Tiefkühlspinat, und zwar zu jener Marke, die damals mit dem allseits bekannten »Blubb« im Fernsehen warb, sprich zum sogenannten Rahmspinat. Falls du es ihr gleichtun möchtest, dann kannst du den Sahneanteil im Rezept ein bisschen reduzieren, denn mit besagtem »Blubb« ist schließlich Sahne gemeint. Den Bärlauch pflückte sie allerdings immer frisch am Hang hinter ihrem Haus, wo er im Frühling in rauhen Mengen wuchs.

Apropos Fernsehen: Popeye war natürlich auch ein Held meiner Kindheit, obwohl ich Goofy, den Freund von Mickey Mouse, eigentlich viel lieber mochte. Am allerliebsten waren mir aber die Barbapapas, aber das ist eine andere Geschichte. Popeye fand ich hingegen etwas seltsam, und das Zeug, das er sich immer direkt aus der Dose in den Rachen goss, war in meinen Augen einfach nur ekelig. Außerdem fand ich ihn auch ein bisschen dämlich, und leid tat er mir natürlich auch, denn er schaffte es nie, dass seine große Liebe Olivia ihn erhörte. Popeye und Spinat sind jedenfalls für mich und für viele meiner gleichaltrigen Freunde bis heute untrennbar miteinander verbunden.

Ich habe mich übrigens immer am meisten über das harte Ei in der Suppe, das meine Oma für mich extra in zwei Hälften schnitt, damit es mir nicht unter dem Löffel wegflutschen konnte, gefreut. Mit einer Ladung hartgekochter Eier kann man mir heute noch eine riesige Freude machen.

ZUTATEN:

50 g Butter
2 kleine mehligkochende Kartoffeln, ca. 250 g, geschält und in grobe Würfel geschnitten
2–3 Frühlingszwiebeln, gewaschen und in feine Ringe geschnitten
ca. 700 ml Gemüsebrühe
100 g Sahne
1 Bund Bärlauch, gewaschen, Stiele entfernt und die Blätter in feine Streifen geschnitten
ca. 150 g frischer Blattspinat, gewaschen und in feine Streifen geschnitten – oder aufgetauter Tiefkühlspinat mit »Blubb«
1 Bund Petersilie, gewaschen und mitsamt den Stielen fein gehackt
Salz und frisch gemahlener Pfeffer
1 Prise Muskat
4 hartgekochte Eier (pro Person 1 Ei)

AUSSERDEM:

1 großer Topf, Pürierstab

Zubereitung:

Die Butter in einem großen Topf erhitzen. Kartoffeln und Frühlingszwiebeln zugeben und unter Rühren ca. 2–3 Minuten anschwitzen. Anschließend mit der Gemüsebrühe ablöschen, die Hitze auf mittlere Flamme reduzieren und die Suppe ohne Deckel 5 Minuten auf mittlerer Flamme köcheln lassen. Dann die Sahne zufügen, die Hitze auf kleine Flamme reduzieren und weitere 10 Minuten mit halb geöffnetem Deckel köcheln lassen. Bärlauch, Spinat und Petersilie zufügen, alles einmal kurz aufkochen lassen und anschließend mit dem Pürierstab fein pürieren. Mit Salz, Pfeffer und Muskat abschmecken.
Zum Servieren die Eier pellen und halbieren oder vierteln. Die Suppe in Teller füllen und die Eier obenauf legen.

TIPP: Kurkuma-Eier

Ich war in meinem Leben schon oft in Indien. Vor mehr als zehn Jahren bereiste ich mit meinem damaligen Freund jedes Jahr ein paar Monate am Stück diesen wunderbaren Subkontinent. Mein Freund war Künstler, und wir ließen uns immer dort, wo es besonders schön und idyllisch war, für ein paar Wochen nieder, damit er in Ruhe malen konnte. Ich selbst suchte mir derweil anderweitig Beschäftigung, und so landete ich des Öfteren in diversen Küchen, um den Köchen und Köchinnen neugierig über die Schulter zu schauen.
Ich kann mich noch besonders gut an die Küche einer kleinen Pension direkt am Meer in Kerala erinnern. Während mein Freund die traumhafte Landschaft auf seine Leinwand pinselte, wurde ich von der Dame des Hauses in die geheime Kunst der südindischen Küche eingeweiht. Noch heute habe ich den Duft von frischen Gewürzen, gepaart mit der salzigen Seeluft und dem charakteristischen Geruch der Tropen in der Nase, wenn ich zu Hause indisch koche. Diese leckeren Kurkuma-Eier gehörten zum Standardrepertoire unserer damaligen Gastgeberin und sind supereasy zuzubereiten. Zu unserer Spinat-Bärlauch-Suppe schmecken sie einfach sensationell – und machen obendrein mit ihrer leuchtenden Farbe noch richtig was her.

ZUTATEN:

4 hartgekochte Eier, gepellt
2–3 EL Ghee
1 TL Kurkuma
Salz

AUSSERDEM:

1 beschichtete Pfanne

Zubereitung:

Die Eier der Länge nach mehrmals mit einem Messer tief einritzen (aber nicht durchschneiden!), so dass man den harten Dotter sehen kann, wenn man das Eiweiß auseinanderzieht. Das Ghee in einer Pfanne erhitzen, die Eier hineingeben und von allen Seiten scharf anbraten, bis das Eiweiß beginnt, sich bräunlich zu verfärben. Nun die Kurkuma zugeben und die Eier immer wieder umrühren bzw. drehen, damit sie von allen Seiten Farbe abbekommen und zuerst schön gelb und dann nach und nach orange werden. Zum Schluss, bevor du sie aus der Pfanne nimmst, die Eier salzen und dabei noch mal von allen Seiten wenden. Die Kurkuma-Eier am besten jeweils ganz in die Teller zur Suppe legen, das sieht im grünen Spinat so richtig toll aus!

WAS SPRIESST DENN DA? – FRISCHE VITAMINE FÜR DEN KÖRPER:

ZARTE FRÜHLINGSGEMÜSESUPPE *mit Mozzarellabällchen und Kerbel-Gremolata*

Gremolata habe ich erstmals in Italien kennengelernt. Traditionell wird sie aus klein gehackter Petersilie, Zitronenschale (Zesten) und Knoblauch hergestellt. Sie ist der ultimative Kick auf lange geschmorten Fleischgerichten, passt aber auch super zu Fisch und herzhaften Eintöpfen. Gremolata verleiht den Gerichten Frische und Leichtigkeit oder, wie es Edward, mein Zen-Kochfreund aus Amerika, so schön formuliert: »Gremolata bringt Licht ins Essen!« Für unser Frühlingssüppchen habe ich statt der Petersilie Kerbel verwendet, und siehe da, ihr »Licht« schien mit der Frühlingssonne regelrecht um die Wette zu strahlen.

ZUTATEN FÜR DIE SUPPE:

2 EL Olivenöl
1 Kohlrabi, ca. 200 g, geschält und in mundgerechte Stücke geschnitten
1 kleiner Fenchel, ca. 150 g, geschält und in mundgerechte Stücke geschnitten
3 mittelgroße Möhren, ca. 300 g, geschält und in mundgerechte Scheiben geschnitten
200 g grüne Erbsen, gewaschen (du kannst auch TK-Erbsen verwenden)
150 g Zuckerschoten, gewaschen und, falls sie sehr groß geraten sind, halbiert; ggf. Fäden entfernen
1 l Gemüsebrühe
200 g Mozzarellabällchen, abgetropft
Salz und frisch gemahlener Pfeffer

ZUTATEN FÜR DIE GREMOLATA:

1 Bund Kerbel, gewaschen, trockengeschüttelt und mitsamt den Stielen fein gehackt
Zesten von 1 Bio-Zitrone (Schale vorher unter fließend heißem Wasser waschen)
2 Knoblauchzehen, geschält und fein geschnitten

AUSSERDEM:

1 großer Topf, 1 Schüssel

Zubereitung:

Das Olivenöl in einem großen Topf erhitzen. Die Gemüse zugeben und unter Rühren kurz darin anschwitzen. Dann mit der Gemüsebrühe aufgießen und die Hitze auf mittlere Flamme reduzieren. So lange mit halb geöffnetem Deckel köcheln lassen, bis das Gemüse gar ist.
Währenddessen die Zutaten für die Gremolata in einer Schüssel miteinander verrühren und bis zum Servieren beiseitestellen.
Die fertige Suppe vom Herd nehmen und die Mozzarellabällchen zugeben. Bei geschlossenem Deckel 5 Minuten ziehen lassen. Zum Schluss mit Salz und Pfeffer abschmecken.
Zum Anrichten die Suppe in tiefe Teller oder Schalen geben und großzügig mit Kerbel-Gremolata garnieren.

DIE PERFEKTE WELLE: TOMATENSUPPE »HALB UND HALB« *mit Toskanabrot, gesalzenem Zitronen-Olivenöl und coolem Sommerdrink*

Eine gute Tomatensuppe zuzubereiten ist meines Erachtens echt eine Kunst, und mein Freund Carsten, der uns bereits großzügig sein »Vichyssoise«-Rezept überlassen hat, stimmt da hundertprozentig mit mir überein. Immerhin ist Carsten gelernter Koch und ein absoluter Profi, wenn es um feine Suppen geht; er weiß also haargenau, was eine gute Tomatensuppe ausmacht. Die steht und fällt natürlich mit den besten und reifsten Tomaten, die du auf dem Markt finden kannst. Aber auch wenn es Winter ist und du auf Dosentomaten zurückgreifen musst, kannst du trotzdem eine tolle Suppe zaubern, du musst lediglich darauf achten, dass die Säure der Tomaten in der Suppe nicht die Oberhand gewinnt.

Nachdem Carsten also für mich seine herrliche Vichyssoise gekocht hat, wollte ich ihm im Gegenzug eine Tomatensuppe kredenzen, die er so schnell nicht vergessen würde – im positiven Sinne natürlich! Die Suppe heißt übrigens »halb und halb«, weil ich sowohl frische als auch Tomaten aus der Dose bzw. aus dem Tetrapack verwendet habe. Das hat prima geklappt, und die Suppe wurde dadurch irgendwie noch »tomatiger«.

Um Carsten so richtig zu beeindrucken, überlegte ich mir noch einen Drink, der zur Suppe passen könnte. Meine Wahl fiel auf den ultimativen Sommerdrink 2015: Prosecco mit Rosato und Sprudel. Zusammen mit der Suppe und dem Toskanabrot, das in das gesalzene Zitronen-Olivenöl getunkt wird, wurde das Ganze zu einer perfekten Symphonie, die wir gemeinsam draußen auf meinem kleinen Balkon an einem lauen Sommerabend genossen und von der wir heute noch schwärmen. Carsten bezeichnete meine Suppen-Sommerdrink-Kombi sogar als »die perfekte Welle«, und das will aus dem Mund eines Profis echt was heißen, oder?!

ZUTATEN FÜR DIE SUPPE:

750 g Cocktailtomaten, gewaschen und kreuzweise eingeritzt
2 Knoblauchzehen, ungeschält und mit der breiten Messerseite zerdrückt
2 frische Rosmarinzweige
Puderzucker
1–2 EL Olivenöl
3 Frühlingszwiebeln, gewaschen und in feine Ringe geschnitten
1 Tetrapack passierte Tomaten à 500 g
300 ml Gemüsebrühe
Salz und frisch gemahlener Pfeffer
Toskanabrot (Weißbrot aus der Toskana wird grundsätzlich ohne Salz gebacken und hat einen ganz typischen Geschmack, der super zur Suppe passt; du kannst wahlweise aber auch Baguette nehmen.)
Basilikumblätter, gewaschen, zum Garnieren

ZUTATEN FÜR DEN DIP:

reichlich Olivenöl
ca. 1 El Zitronensaft
1 Prise Meersalz

ZUTATEN FÜR DEN DRINK:

Ramazzotti Rosato
Prosecco
Mineralwasser mit Sprudel
Eiswürfel
Basilikumblätter zum Garnieren

AUSSERDEM:

Backblech und Backpapier, 1 Schüssel, 1 großer Topf, 1 Schale, Pürierstab, Glaskelche bzw. große Weingläser

Zubereitung:

Zuerst die Suppe zubereiten. Dazu den Backofen auf 200 Grad Ober-/Unterhitze bzw. ca. 180 Grad Umluft vorheizen. Die Tomaten mit der eingeritzten Seite nach oben auf ein mit Backpapier ausgelegtes Backblech legen. Darauf achten, dass sie eng beieinander liegen. Die Knoblauchzehen zusammen mit den Rosmarinzweigen zwischen die Tomaten stecken. Die Tomaten mit Puderzucker großzügig bestäuben und auf mittlerer Schiene so lange im Ofen backen, bis der Puderzucker geschmolzen und die Tomaten aufgeplatzt und weich sind. Aus dem Ofen nehmen und den Rosmarin und den Knoblauch entfernen. Die Tomaten in eine Schüssel geben und kurz beiseitestellen.

Manche Köche ziehen übrigens nach dem Rösten im Ofen die Haut von den Tomaten, damit in der Suppe keine kleinen Fitzelchen schwimmen. Ich mache das nie und bilde mir auch ein, dass die Suppe »mit« viel besser schmeckt.

In einem großen Topf 1–2 Esslöffel Olivenöl erhitzen und die Frühlingszwiebeln darin anbraten. Die Ofentomaten zugeben und alles miteinander verrühren. Anschließend die passierten Tomaten und die Gemüsebrühe hinzufügen. Das Ganze mit Salz und Pfeffer kräftig abschmecken, aufkochen lassen, dann die Hitze reduzieren und auf kleiner Flamme 5 Minuten köcheln lassen.

Währenddessen das Brot in Scheiben schneiden und ausreichend Olivenöl in eine kleine Schale füllen. Zitronensaft und Meersalz dazugeben und verrühren.

Die Suppe ein letztes Mal abschmecken und, falls die Säure der Tomaten noch zu sehr im Vordergrund steht, noch etwas Puderzucker unterrühren, dann pürieren.

Zum Anrichten die Suppe in tiefe Teller füllen und mit Basilikumblättchen garnieren. Das Brot und das Zitronen-Olivenöl zum Tunken auf den Tisch stellen.

Für die Drinks ca. 2 cm hoch Rosato in die Gläser geben und jeweils zur Hälfte mit Prosecco und Sprudel auffüllen. Eiswürfel zugeben und ebenfalls mit je einem Blatt Basilikum garnieren.

KÜHLER TELLER: KALTE AVOCADO-BASILIKUM-SUPPE *mit Joghurt-Erdnuss-Dip*

Die Idee zu dieser kalten Suppe entstand im heißen Sommer 2015, als das ganze Land unter einer Hitzeglocke vor sich hin schmorte und ich bei meiner Freundin Manu zu Besuch war. Manu – du kennst sie und ihre Schnibbelbohnensupp' ja schon – und ich verlegten die Verkostung aufgrund der hohen Temperaturen dann auch spontan ins Planschbecken in ihrem Garten.

ZUTATEN FÜR DIE SUPPE:

2 Knoblauchzehen, geschält und grob geschnitten
1 große Bio-Salatgurke, gewaschen und gewürfelt
1 Bund Frühlingszwiebeln, gewaschen und mitsamt dem Grün in feine Ringe geschnitten
Blätter von ca. 8 Stielen Basilikum, gewaschen und trockengetupft
2 reife Avocados, Fruchtfleisch von Schale und Kern befreit und grob gewürfelt
Saft von 1–2 Limetten
Zesten von ½ Bio-Limette (Schale vorher unter fließend heißem Wasser waschen)
ca. 700 ml kalte Gemüsebrühe
Salz und frisch gemahlener Pfeffer
evtl. etwas Zucker zum Abschmecken
Basilikumblätter zum Garnieren und Olivenöl zum Beträufeln der Suppe
evtl. ein paar Salatgurkenscheiben zum Garnieren

ZUTATEN FÜR DEN DIP:

100 g Joghurt
1 EL Erdnusscreme (die mit den Stückchen)
1–2 EL geröstete und gesalzene Erdnüsse, fein gehackt
1–2 Spritzer Zitronensaft
evtl. Salz und frisch gemahlener Pfeffer

AUSSERDEM:

2 Schüsseln, Pürierstab oder Küchenmaschine (Mixer), Schneebesen

Zubereitung:

Alle Zutaten für die Suppe bis auf den Zucker, die Basilikumblätter und das Olivenöl in eine große Schüssel geben und mit dem Pürierstab fein pürieren bzw. in der Küchenmaschine fein mixen. Anschließend mindestens 30 Minuten im Kühlschrank kalt stellen.

Während die Suppe erkaltet, den Joghurt in eine zweite Schüssel geben und mit der Erdnusscreme kräftig verrühren. Dazu eignet sich am besten ein Schneebesen. Die gehackten Erdnüsse unterrühren und das Ganze mit Zitronensaft und evtl. mit Salz und Pfeffer abschmecken.

Die Suppe vor dem Servieren unbedingt noch mal mit Salz, Pfeffer und evtl. etwas Zucker abschmecken, weil sie durch die Kälte an Geschmack verliert. Mit dem Joghurt-Dip und je einem Basilikumblatt in Suppentellern oder geeigneten Schalen anrichten und zum Abschluss mit etwas Olivenöl beträufeln. Eventuell zusätzlich mit ein paar Salatgurkenscheiben garnieren.

GRÜSSE AUS DEM WALD: BAYERISCHE SCHWAMMERLSUPPE *mit gebratenem Semmelknödel-Schmarrn*

Als ich diesen Klassiker der bayerischen Küche für ALL YOU NEED IS SOUP! zur Probe kochte, passierte mir ein Malheur. Ich war gerade zu Besuch bei lieben Freunden in Norddeutschland und hatte dort schon mehrmals in großen Tönen damit geprahlt, dass meine Semmelknödel, die ich traditionell zu dieser Suppe zubereite, einfach der absolute Hit wären und kein anderes Rezept an sie rankäme – vor allem aber, dass sie niemals während des Kochens auseinanderfallen würden. Ja, Pustekuchen, bereits der Probeknödel – Gott sei Dank war ich so geistesgegenwärtig gewesen, nicht gleich alle Knödel ins siedende Wasser zu geben – zerfiel sang- und klanglos in seine Bestandteile. Ich stand wie ein begossener Pudel neben dem Herd und schaute sprachlos in den Topf, in dem unappetitliche Bröckchen wie kleine Boote auf der Wasseroberfläche dümpelten. Was tun? Eigentlich behilft man sich in so einem Fall mit etwas Paniermehl oder mit Semmelbrösel, um die Knödelmasse fester zu machen, doch ich hatte nichts da – und zum Einkaufen war es zu spät, denn das Mittagessen sollte in ein paar Minuten auf dem Tisch stehen.

Da kam Malina, die 16-jährige Tochter meiner Gastgeber, singend die Treppe herunter. Die Süße bemerkte auf Anhieb meine Verzweiflung, und obwohl Malina keine große Kocherfahrung hat, nahm sie mich beiseite und sagte: »Komm, ich helfe dir, Susanne. Das ist doch gar nicht so schlimm! Wir können das Zeug doch bestimmt auch braten!« Sie angelte sich eine große Pfanne aus dem Küchenschrank, schmiss mit jugendlicher Leichtigkeit Butter hinein, erhitzte sie und klatschte dann den kompletten Teig aus der Schüssel dazu. »Schau, das drücken wir jetzt schön fest und warten, bis es auf der einen Seite so richtig kross wird«, grinste sie mich an, »und dann machen wir das auf der anderen Seite genauso!«

Als wir beide später stolz unseren Semmelschmarrn zum Mittagessen auftrugen, waren alle total begeistert, und Malina zwinkerte vergnügt und mit vollen Backen über den Tisch zu mir herüber.

ZUTATEN FÜR DEN SCHMARRN:

6–7 altbackene Semmeln (Brötchen), in feine Scheiben geschnitten
ca. ½ – ¾ l lauwarme Milch
1 EL Butter
1 mittelgroße Zwiebel, geschält und fein geschnitten
Blätter von 1 Bund Petersilie, fein gehackt
3 Eier
ca. 1 TL Salz
1 Prise gemahlener Muskat
Butter oder Butterschmalz zum Braten des Semmelknödel-Schmarrns

ZUTATEN FÜR DIE SUPPE:

100 g Butter
1 mittelgroße Zwiebel, geschält und fein geschnitten
ca. 750 g gemischte Schwammerl (Pilze), z. B. zu gleichen Teilen Reherl (Pfifferlinge) und Egerlinge oder Champignons, geputzt und in mundgerechte Stücke bzw. Scheibchen geschnitten (Achtung: Schmutz und Erde nur mit einem Messer entfernen; Schwammerl keinesfalls waschen, sie saugen sich sonst mit Wasser voll und werden schwammig!)
Blätter von 1 Bund Petersilie, gewaschen und fein gehackt
ca. 500 ml Gemüsebrühe
1–2 EL Sahne
1–2 EL Weizenmehl, Type 405
Salz
grobe Pfefferkörner, leicht zerstoßen

AUSSERDEM:

1 große Schüssel, 1 kleine Pfanne, 1 großer und 1 kleiner Topf, 1 große beschichtete Pfanne, Schneebesen

Zubereitung:

Zuerst die Masse für den Semmelknödel-Schmarrn vorbereiten. Dazu die geschnittenen Semmeln in eine große Schüssel geben und mit der lauwarmen Milch übergießen. Gib die Milch langsam, nach und nach, über die Semmeln, denn der Teig darf nicht zu feucht werden. Kräftig vermischen, damit sich die Semmeln gut vollsaugen können. Dann die Butter in einer kleinen Pfanne erhitzen und die Zwiebeln zusammen mit der gehackten Petersilie dünsten, bis die Zwiebeln glasig sind. Auf die Semmelmasse geben und abkühlen lassen. Erst dann die Eier zugeben und alles locker miteinander verkneten. Zum Schluss das Salz zugeben und mit geriebenem Muskat abschmecken. Den Teig beiseitestellen und abgedeckt ca. 20 Minuten ruhen lassen.

Für die Schwammerlsuppe 60 g Butter in einem großen Topf erhitzen und die Zwiebeln glasig darin andünsten. Dann die Schwammerl zugeben und kräftig anbraten, dabei immer wieder umrühren. Die Petersilie zugeben und unterrühren, mit der Gemüsebrühe ablöschen und die Suppe kurz aufkochen lassen. Anschließend die Hitze auf kleine Flamme reduzieren und die Sahne hinzufügen.

Zeitgleich in einem kleinen Topf die restlichen 40 g Butter für die Einbrenn erhitzen, bis sie Bläschen wirft. Dann unter schnellem Rühren – am besten mit einem Schneebesen – das Mehl untermischen und die Einbrenn sofort wieder vom Herd nehmen. Es sollte sich eine zähe, goldgelbe Masse, ähnlich wie ein Brandteig, gebildet haben.

Die Einbrenn unter die Schwammerlsuppe rühren. Die Suppe noch 1–2 Minuten köcheln lassen, dann vom Herd nehmen und zugedeckt ziehen lassen, bis der Semmelknödel-Schmarrn fertig ist. Zum Schluss mit Salz und Pfeffer abschmecken.

Für den Schmarrn 2–3 Esslöffel Butter oder Butterschmalz in einer großen, beschichteten Pfanne erhitzen. Die Knödelmasse gleichmäßig in der Pfanne verteilen und leicht andrücken. Auf einer Seite goldbraun anbraten, dann wenden und mit der anderen Seite genauso verfahren. Zum Anrichten die Schwammerlsuppe in tiefe Teller geben und den Semmelknödel-Schmarrn portionsweise obenauf setzen. Mit grobem Pfeffer bestreuen.

»HEISSE MARONI ...!«: MARONENSUPPE
mit Schlagsahne, Cidre und selbstgemachten Apfelchips

Diese Suppe macht schon rein vom Namen echt was her und schmeckt auch noch total lecker. Sie ist denkbar schnell und einfach zu kochen, lediglich Maronen und Cidre sind nicht immer leicht aufzutreiben. Da beides aber verschlossen lange haltbar ist, kannst du vielleicht in einem Frankreichurlaub die Augen offen halten und gleich zuschlagen, falls dir das eine oder andere in den dortigen Supermärkten über den Weg läuft. Ich selbst stromere auch hierzulande gerne durch die Feinkostläden großer Städte, denn auch dort wird man in der Regel fündig.

Das Rezept habe ich mir übrigens für eines unserer legendären Cousinen-Treffen ausgedacht, und es hat so großen Anklang gefunden, dass ich es in ALL YOU NEED IS SOUP! aufgenommen habe. In unserer Familie gibt es außer einem einzigen männlichen ausschließlich weibliche Nachkommen, sprich lauter Cousinen und nur einen Cousin, und vor ein paar Jahren haben wir »Mädels« dann aus einer Laune heraus über Facebook beschlossen, uns regelmäßig zu treffen. Seit kurzem ist auch Thomas, der Cousin, dabei, der sich auch als Cousine wirklich gut macht. Cousinen-Treffen beginnen traditionell immer mit einem Cubra Libre und enden zu vorgerückter Stunde auch damit. Es findet also meist ein richtiges Gelage statt, denn zum Essen fließen stets auch reichlich Wein und Bier, was bei allen Cousinen, einschließlich mir, jedes Mal einen ausgewachsenen Kater am nächsten Morgen zur Folge hat. Unsere Treffen finden in unregelmäßigen Abständen statt, und jede Cousine kocht dann reihum bei sich zu Hause. Und weil so ziemlich der gesamte Clan verrückt nach Kochen und Essen ist, legen sich natürlich alle richtig ins Zeug – demnach schmeckt es bei jeder einzelnen von uns wirklich himmlisch. Familientreffen müssen also nicht immer nur in der klassischen Besetzung und zu festgelegten Feiertagen stattfinden, dann können sie auch richtig Spaß machen!

Meiner Erzählung nach müsste diese Suppe nun eigentlich im Kapitel über die Partysuppen stehen, aber so ein feines Süppchen passt, wie übrigens so ziemlich alle Suppen in diesem Buch, auch zu vielen anderen Gelegenheiten. Maronensuppe geht natürlich auch gut im Winter, ist also keine reine Herbstsuppe. Du kannst dir auf einem Weihnachtsmarkt in deiner Nähe auch frisch geröstete Maronen besorgen, um sie dann später zu Suppe zu verkochen. Schälen nicht vergessen! Ich habe übrigens herausgefunden, dass die Hühnerbrühe aus dem »Schnupfensuppe«-Rezept am allerbesten dazu passt, denn ihre feine Note von Orangenschalen und Sternanis macht die Maronensuppe erst richtig zum Geschmackserlebnis.

ZUTATEN FÜR DIE CHIPS:
1 säuerlicher Apfel, z. B. Boskop, geschält, vom Kerngehäuse befreit und in hauchdünne Scheibchen geschnitten (Aufgepasst: Die Apfelscheibchen kommen für mindestens 4 Stunden zum Trocknen in den Backofen. Diese Zeit musst du vorher einplanen! Am besten machst du sie schon am Vortag, aber wenn es schnell gehen muss, kannst du dir im Bioladen auch fertige Apfelchips kaufen.)

ZUTATEN FÜR DIE SUPPE:
50 g Butter
2 Schalotten, geschält und fein geschnitten
3 mittelgroße mehligkochende Kartoffeln, ca. 400 g, geschält und in mundgerechte Stücke geschnitten
250 g bereits geschälte und gekochte Maronen (findest du vakuum- oder in Dosen verpackt in gut sortierten Supermärkten)
500 ml Cidre
1 l selbstgemachte Schnupfen-Hühnerbrühe oder zur Not Geflügelbrühe aus dem Glas
1 winzige Prise Nelkenpulver, wahlweise Zimtpulver
frisch gemahlener Pfeffer
evtl. Meersalz, bevorzugt Fleur de Sel
100 g Sahne

AUSSERDEM:
Backblech, Backpapier, 1 Topf, Pürierstab, Rührgerät

Zubereitung:
Wie bereits in der Zutatenliste erwähnt, werden die Apfelscheiben 4 Stunden lang auf einem mit Backpapier ausgelegten Backblech im Backofen bei ca. 80 Grad Ober-/Unterhitze bzw. 50 Grad Umluft auf oberster Schiene getrocknet. Nach der Hälfte der Trockenzeit die Apfelscheibchen sanft vom Backpapier lösen und wenden. Nach dem Trocknen aus dem Ofen nehmen, auskühlen lassen und beiseitestellen.
Für die Suppe die Butter in einem passend großen Topf erhitzen und die Schalotten darin glasig dünsten. Die Hitze auf mittlere Flamme reduzieren, die Kartoffeln und die Maronen zugeben und 2–3 Minuten unter mehrmaligem Rühren mitdünsten.
Mit dem Cidre ablöschen, bei geöffnetem Deckel ca. 10 Minuten köcheln lassen, dann mit der Brühe aufgießen. (Diese Suppe steht und fällt mit einer guten Brühe, es lohnt sich also, selbstgemachte zu verwenden!) Die Suppe weitere 5 Minuten köcheln lassen, dann sind die Kartoffeln sicher gar. Vom Herd nehmen und mit dem Pürierstab fein pürieren. Das Nelkenpulver zugeben und das Ganze mit Pfeffer abschmecken, eventuell mit Meersalz, am besten Fleur de Sel, nachwürzen. Die Suppe zugedeckt noch 2–3 Minuten ziehen lassen.
Währenddessen die Sahne steif schlagen. Zum Anrichten die Suppe in vorgewärmte Suppenteller füllen und mit je einem Sahnehäubchen und Apfelchips garnieren.

TIPP: Apfelchips kannst du prima auf Vorrat trocknen und in luftdichten Dosen aufbewahren. Sie schmecken auch als gesunder Snack zwischendurch oder vor dem Fernseher superlecker.

GAR NICHT GRUSELIG:
KÜRBIS-ERDNUSS-SUPPE *mit Orangen-Feta-Topping und frittierten Strudelteigstreifen mit Zimtsalz*

Ich weiß, auf den ersten Blick klingt dieses Rezept vollkommen crazy, aber ich hatte die ewig gleich schmeckenden Kürbissuppen einfach satt. Meine Chefin im Gartensalon, dem kleinen Café, in dem ich hin und wieder koche, fordert uns Köchinnen immer wieder dazu auf, Neues zu erfinden und uns witzige Geschmackskombinationen jenseits der Norm einfallen zu lassen. Sie ist offen für alles! Und das ist halt jetzt dabei herausgekommen. Also, ich finde diese Suppe ist auch pur, sprich ohne Topping und Chichi, echt ein Knaller!

ZUTATEN FÜR DIE FRITTIERTEN TEIG-STREIFEN MIT ZIMTSALZ:

ca. 1 l neutrales Speiseöl (z. B. Sonnenblumenöl) zum Frittieren
2 Lagen Strudelteig bzw. Filoteig (aus dem Kühlregal im Supermarkt)
ca. 1–2 EL Salz
¼ TL Zimtpulver

ZUTATEN FÜR DAS TOPPING:

1 EL Olivenöl
3 Frühlingszwiebeln, gewaschen und in feine Ringe geschnitten
150 g Feta
Saft und Zesten von 1 Bio-Orange (Schale vorher unter fließend heißem Wasser waschen), den Saft für die Suppe beiseitestellen
Salz und frisch gemahlener Pfeffer

ZUTATEN FÜR DIE SUPPE:

1–2 EL Olivenöl
1 kleine Zwiebel, geschält und fein geschnitten
ca. 3 cm frischer Ingwer, geschält und fein geschnitten
1 kleiner Hokkaidokürbis, ca. 1 kg, gewaschen, von den Kernen befreit und in mundgerechte Stücke geschnitten
2 mittelgroße Möhren, ca. 200 g, geschält und in mundgerechte Stücke geschnitten
2 mittelgroße mehligkochende Kartoffeln, ca. 250 g, geschält und in mundgerechte Stücke geschnitten
ca. 1 l Gemüsebrühe
Saft von 1 großen Bio-Orange (siehe Zutaten für das Topping)
1–2 gehäufte EL Erdnussbutter (die mit den Stückchen)
1 EL Kürbiskernöl (Tipp: Die Flasche später für die Gäste zum Nachwürzen mit auf den Tisch stellen!)
optional: 2 EL geschlagene Sahne und/oder
2–3 EL Kokosmilch
Salz

AUSSERDEM:

1 großer Topf, Holzkochlöffel, Zelltücher zum Abtropfen, 2 kleine Schüsseln, 1 kleine Pfanne, Pürierstab

Zubereitung:

Mit den frittierten Strudelteigstreifen beginnen. Das Öl in einem großen Topf erhitzen; die Teigstreifen sollten darin schwimmen können, also zur Not noch etwas Öl nachgießen. Das Öl hat die richtige Temperatur, wenn entlang des Stiels eines Holzkochlöffels, der ins heiße Fett gehalten wird, kleine Bläschen nach oben steigen. Während das Öl heiß wird, den Teig in ca. 1 cm breite und 3 cm lange Streifen schneiden. Da du keine ganze Packung brauchst, einfach den restlichen Teig einfrieren. Du kannst aber auch gleich ein bisschen mehr frittieren, denn die Strudelstreifen passen zum Beispiel super als knusprige Beilage zu diversen Salaten – oder einfach so zum Knabbern.

Die Streifen portionsweise im heißen Fett frittieren und anschließend auf einem Zelltuch abtropfen lassen. In einer kleinen Schüssel Salz mit Zimt vermengen und die noch lauwarmen Streifen vorsichtig darin wälzen. Beiseitestellen.

Für das Topping das Öl in einer kleinen Pfanne erhitzen und die Frühlingszwiebeln darin anbraten, bis sie weich sind. Die Zwiebeln aus der Pfanne nehmen und kurz abkühlen lassen. Den Feta in eine kleine Schüssel bröckeln und mit einer Gabel erst die Orangenzesten, dann die Frühlingszwiebeln unterrühren. Mit Salz und Pfeffer abschmecken. Beiseitestellen.

Für die Suppe das Öl in einem großen Topf erhitzen. Zwiebeln und Ingwer zugeben und so lange dünsten, bis die Zwiebeln glasig sind. Nun Kürbis, Möhren und Kartoffeln zugeben und kräftig umrühren. Dann mit der Gemüsebrühe und dem Orangensaft aufgießen. Kurz aufkochen lassen, dann die Hitze reduzieren und die Suppe köcheln lassen, bis das Gemüse weich ist. Den Topf von der Herdplatte ziehen und den Inhalt pürieren. Gegebenenfalls noch etwas Brühe oder Wasser zugießen, falls die Suppe zu dick ist. Erdnussbutter und Kürbiskernöl unterrühren. Evtl. geschlagene Sahne und /oder Kokosmilch einrühren und alles mit Salz abschmecken.

Zum Servieren die Suppe in tiefe Teller oder Schalen geben. Je 1 Esslöffel Topping in die Mitte geben und die frittierten Teigstreifen obenauf setzen. Den Rest zum Knabbern mit auf den Tisch stellen.

Tipp zur Resteverwertung:

BELUGALINSEN-SALAT »ASIA STYLE«
mit Erdnussbutter-Limetten-Dressing

Ich weiß nicht, wie es euch geht, aber ich bin kein Fan dieser labbrigen Weißbrotscheiben mit Erdnussbutter und Marmelade, die meine Freunde jenseits des Großen Teichs so sehr lieben. Was also tun mit einem angebrochenen Glas Erdnussbutter? Wie es der Zufall will, ist mir da ein total cooles Rezept eingefallen. Es ist als Hauptmahlzeit für 4 Personen gerechnet. Bitte achte darauf, das Gemüse und den Apfel möglichst klein zu schneiden, das ist schöner fürs Auge, das ja bekanntlich mitisst – und es schmeckt komischerweise auch noch besser.

ZUTATEN FÜR DEN SALAT:

200 g Belugalinsen, gewaschen und in einem großen Topf mit reichlich Wasser gar gekocht (Achtung: Das Kochwasser nicht salzen, sonst werden die Linsen nicht richtig weich!) und abgekühlt
1–2 rote Chilischoten, gewaschen, nach Belieben von den Kernen befreit und in feine Ringe geschnitten (kann man auch weglassen, schmeckt mir aber mit viel besser)
2 große rote oder gelbe Paprika, gewaschen, vom Stiel und den Kernen befreit und fein gewürfelt
4 Stangen Staudensellerie, ca. 350 g, gewaschen und in feine Würfel geschnitten
2 mittelgroße saure Äpfel, z. B. Topas oder Elstar, gewaschen, vom Kerngehäuse befreit und in feine Würfel geschnitten
2–3 EL frisches Koriandergrün, gewaschen und fein gehackt
2 EL gesalzene Erdnüsse, fein gehackt

ZUTATEN FÜR DAS DRESSING:

2–3 EL Olivenöl
Saft und Zesten von 1 Bio-Limette (Schale vorher unter fließend heißem Wasser waschen)
2 gehäufte EL Erdnussbutter (die mit den Stückchen)
reichlich Sojasoße
evtl. etwas Wasser
evtl. Salz zum Abschmecken

AUSSERDEM:

2 Schüsseln, Schneebesen

Zubereitung:
Alle Zutaten für den Salat, außer den gehackten Erdnüssen, in eine Salatschüssel geben und gut vermengen. In einer zweiten Schüssel alle Zutaten für das Dressing, am besten mit einem Schneebesen, kräftig miteinander verrühren. Das Dressing darf ruhig ein bisschen salziger schmecken als gewohnt, denn die Linsen »schlucken« viel Salz. Es sollte eine cremige, nicht allzu flüssige Konsistenz haben. Eventuell etwas Wasser zugeben, wenn es noch nicht cremig genug ist. Nun das Dressing zum Salat geben und alles gut miteinander vermischen. Die Schüssel abdecken und für mindestens 1 Stunde im Kühlschrank kalt stellen. Den Salat nach dem Durchziehen eventuell noch einmal mit Sojasoße bzw. mit etwas Salz abschmecken und vielleicht auch noch etwas Wasser oder Öl zugeben. Zum Servieren mit den gehackten Erdnüssen garnieren.

Jetzt was Warmes und Gesundes – **WINTERSUPPEN** *die verbinden*

AYURVEDISCHER WINTERGRUSS AUS DEM SONNIGEN SRI LANKA: ROTE-BETE-BIRNEN-SUPPE *mit Ingwer, Marillenessig und Kokosmilch*

Diese Suppe ist ein Dauerbrenner bei meinen Kochkursen. Sie besticht nicht nur durch ihren ungewöhnlichen, aber sehr ausgewogenen Geschmack, auch die Farbe hat es in sich: Durch die Zugabe von Kokosmilch leuchtet sie regelrecht in wunderschönem Magenta.

Das Rezept weckt zwei schöne Erinnerungen in mir: Als ich noch ein kleines Mädchen war, kochte während der Winterzeit fast immer ein großer Topf mit Roten Rüben, wie wir sie nannten, auf dem Herd meiner Mutter. Bis heute ist dieses Wurzelgemüse ihr absolutes Lieblingsgemüse. Wir aßen die Roten Beten damals ganz schlicht zu Butterbrot und mit etwas Salz und Olivenöl beträufelt. Ich liebte den erdigen Geschmack, im Gegensatz zu meiner Schwester, die die gekochten Stücke immer wieder im hohen Bogen ausspuckte, so dass sich auf dem Tischtuch immer knallrote Flecken bildeten. Ich war ein blasses Kind, und meine Mutter wusste um die blutbildende Wirkung der Knolle. Sie führt meine mittlerweile permanent roten Wangen heute noch stolz auf ihre damalige Ernährungsweise zurück. Jahre später, als junge, erwachsene Frau, reiste ich viel. In Amerika lernte ich einen Ayurvedakoch aus Sri Lanka kennen. Er machte mich mit ein paar Grundkenntnissen der ayurvedischen Küche vertraut. Genau wie meine Mutter liebte er Rote Bete, die es im Norden Kaliforniens je nach Saison im Überfluss gibt, und experimentierte gerne damit. Nachstehende Suppe ist eine Hommage an seine unglaublich leckeren, immer unterschiedlich schmeckenden Rote-Bete-Suppen, die ich bei ihm verkosten durfte. Ramesh erzählte mir auch von der verdauungsfördernden Wirkung des Ingwers und dass Kokosmilch kühlend und besänftigend auf zu viel innere Hitze im Körper einwirkt. Zudem regt Rote Bete, laut den Lehren des Ayurveda, die Gallentätigkeit an und fördert die Abwehrkräfte des Darms – und ein gesunder Darm ist laut Ramesh in jeglicher Hinsicht die Grundvoraussetzung für einen kräftigen und gesunden Körper. Im Darm sitzt unsere Lebensenergie!

ZUTATEN:

2 EL Ghee, wahlweise Butter
1 große rote Zwiebel, geschält und fein geschnitten
3 cm frischer Ingwer, geschält und fein geschnitten
5 mittelgroße Rote Beten, ca. 750 g, geschält und in Scheiben geschnitten (nicht vorgekocht!)
1 mittelgroße Birne, ca. 250 g, vom Kerngehäuse befreit und in kleine Stücke geschnitten
2–3 EL Marillenessig, wahlweise Apfelessig
1–2 EL herber Honig, z. B. Kastanien- oder Tannenhonig
500 ml Gemüsebrühe
500 ml Apfelsaft
1 Dose Kokosmilch à 400 g
Saft von 1 Limette
Salz und frisch gemahlener Pfeffer
optional: 1 EL Koriandergrün, gewaschen und fein gehackt

AUSSERDEM:

1 Topf, Pürierstab

Zubereitung:

Das Ghee bzw. die Butter in einem entsprechend großen Topf erhitzen und die Zwiebeln mit dem Ingwer darin andünsten, bis die Zwiebeln glasig sind. Rote-Bete-Scheiben und Birnenstücke zugeben und mitdünsten lassen. Nach mehrmaligem Umrühren mit dem Obstessig ablöschen. Nun den Honig unterrühren und mit der Brühe und dem Apfelsaft aufgießen. Das Ganze anschließend auf mittlerer Flamme köcheln lassen, bis die Roten Beten weich sind. Dann den Topf vom Herd ziehen, die Suppe mit einem Pürierstab fein pürieren und anschließend mit Kokomilch aufgießen. Das Ganze noch mal auf kleiner Flamme erhitzen, aber nicht zum Kochen bringen. Zum Schluss mit Limettensaft, Salz und Pfeffer abschmecken und in bereitgestellte Teller oder Schalen füllen. Nach Belieben mit Koriandergrün bestreuen.

Rote Bete ist ein klassisches Wintergemüse; der Saft dieses Wurzelgemüses wird wegen seiner Farbe mancherorts in Deutschland auch »Ochsenblut« genannt. Die dicken Knollen der Pflanze sind reich an Mineralstoffen und Vitaminen, die im Winter dabei helfen, die Abwehrkräfte zu steigern und die Zellatmung im gesamten Körper zu verbessern. Der in dem Gemüse enthaltene rote Farbstoff Betanin regt das Gehirn dazu an, Glückshormone auszuschütten – und das kann man an einem trüben, dunklen Wintertag schon mal brauchen!

MOLLIGE SUPPEN-UMARMUNG: GROSSMUTTERS KARTOFFELTOPF *mit »heller Einbrenn« und Wiener Würstchen*

Für mich persönlich ist Kartoffelsuppe in Kombination mit Wiener Würstchen rein essenstechnisch der Inbegriff von kuscheligem Wohlbehagen – eine mollige Suppen-Umarmung eben. Auf der menschlichen Ebene stehen bei vielen Menschen vor allem die Großmütter für bedingungslose Liebe und herzliche Umarmungen. Dieses Rezept ist eine Hommage an alle Omas dieser Welt.
Also mach jetzt einfach mal die Augen zu und stell dir vor, dass es draußen schneit. Du bist wieder klein und eben vom Spielen mit deinen Freunden draußen im Schnee ins Haus gekommen. Deine Oma hat dir den nassen Schneeanzug ausgezogen und dich in eine warme Decke gewickelt. Jetzt sitzt du mit einer Tasse heißem Kakao im Wohnzimmer und schaust einen Zeichentrickfilm im Fernsehen – ja, das darf man bei Großmüttern! Aus der Küche zieht schon der verführerische Duft von Kartoffelsuppe herein, und du weißt mit hundertprozentiger Sicherheit, dass deine Oma auf deinem Teller nicht mit Wiener Würstchen sparen wird, weil sie weiß, wie gerne du sie isst.
Gleich wird sie dich rufen: »Komm zum Essen, Schätzchen!« Dann wirst du in die Küche tapsen, und während du deinen Kartoffeltopf mampfst, wird sie dich nach deinem Tag draußen im Schnee fragen – und ganz plötzlich wirst du nicht mehr genau wissen, ob die Wärme, die sich in deinem Bauch ausbreitet, von der leckeren Suppe kommt oder weil du deine Oma so lieb hast.

ZUTATEN FÜR DIE SUPPE:

30 g Butter
1 mittelgroße Stange Lauch, ca. 250–300 g, gewaschen und in feine Ringe geschnitten
1 Bund krause Petersilie (schmeckt intensiver), gewaschen und die Stengel und Blätter separat klein gehackt
2 kg vorwiegend festkochende Kartoffeln, geschält und in mundgerechte Würfel geschnitten
2 mittelgroße Möhren, ca. 200 g, geschält und in Stücke geschnitten
1 kleiner Kohlrabi, ca. 150–200 g (wahlweise 1 kleine Fenchelknolle), geschält und in Stücke geschnitten
1 l Gemüsebrühe
6 Wacholderbeeren, wahlweise ½ TL rote Pfefferkörner
3 getrocknete Lorbeerblätter
1 ½ TL getrockneter Majoran
½ TL rotes Paprikapulver
1–2 Schuss Balsamicoessig
Salz und frisch gemahlener Pfeffer
2 Paar Wiener Würstchen, in Scheibchen geschnitten
wahlweise frischer Chili, gewaschen und in feine Ringe geschnitten

ZUTATEN FÜR DIE »HELLE EINBRENN«:

ca. 40 g Butter
ca. 2 EL Mehl

AUSSERDEM:

1 großer und 1 kleiner Topf, Schneebesen

Zubereitung:

Für die Suppe die Butter in einem großen Topf erhitzen. Lauch und klein geschnittene Petersilienstengel zugeben und andünsten. Anschließend Kartoffeln, Möhren und Kohlrabi hinzufügen, alles gut vermengen und 1–2 Minuten dünsten lassen. Dann mit der Gemüsebrühe aufgießen, kurz aufkochen lassen, anschließend auf mittlere Hitze reduzieren. Die Gewürze zugeben und das Gemüse gar köcheln lassen.
In der Zwischenzeit die Einbrenn herstellen. Dazu die Butter in einem kleinen Topf erhitzen, bis sie einen leichten Braunton angenommen hat (Achtung: Nicht zu dunkel werden lassen, sonst wird die Einbrenn bitter). Dann das Mehl mit einem Schneebesen zügig unterrühren; dabei entsteht eine cremige Masse. Die Einbrenn vom Herd nehmen und gleich unter das Gemüse im Suppentopf rühren.
Den Kartoffeltopf abschließend mit Balsamicoessig, Salz und Pfeffer abschmecken, dann die gehackten Petersilienblätter zugeben und unterrühren. Die Suppe mit den Wiener Würstchen in passenden Tellern anrichten und wahlweise mit Chili garnieren.

TIPP: Während meiner Zeit auf der Green Gulch Zen-Farm in Kalifornien – ich durfte dort ein paar Wochen lang als Hilfsköchin in der Klosterküche arbeiten – lernte ich das **Verwerten von Resten** von der Pike auf. In einem Zen-Kloster wird schlichtweg alles verkocht und so gut wie nichts verschwendet oder gar weggeworfen. Gemüseabfälle werden beispielsweise als Basis für Brühen genommen. Seit dieser Zeit verwende ich auch die Stengel von Petersilie und nicht nur die Blätter. Einfach klein schneiden und dann zusammen mit den Lauchringen anbraten. Das gibt dem Kartoffeltopf noch mehr Geschmack.

Fern- und Heimweh-SUPPEN

Wir Menschen wünschen uns viele Dinge, vor allem aber sehnen wir uns nach Glück, egal wie es für jeden von uns persönlich aussehen mag. Essen ist, auch wenn es uns zunächst vielleicht gar nicht bewusst ist, ganz oft mit dieser Sehnsucht nach dem Glück verbunden. Wir erinnern uns gerne an das erste Abendessen mit unserer ersten großen Liebe in einem verschwiegenen kleinen Restaurant, oder wir haben Lieblingsgerichte aus der Kindheit, die eng mit glücklichen Momenten verbunden sind. Ich kann mich zum Beispiel heute noch ganz genau an den Duft von Schinkennudeln erinnern, die meine Mutter manchmal mittags machte. Das wohlige Gefühl, das mich dabei durchströmte, wenn ich nach der Schule meinen schweren Ranzen in eine Ecke pfefferte und mich erwartungsvoll an den Tisch setzte. Die erste Gabel Nudeln mit dem krossen Schinken und meine Mama, die mich liebevoll betrachtete und mich aufforderte, langsamer zu essen.
Und dann gibt es da noch die vielen Gerichte, die wir mit unseren Sehnsuchtsorten in aller Herren Ländern verbinden. Ein großes Stück Pizza auf einem Bahnsteig in Italien nach einer langen durchwachten Zugfahrt auf der ersten Interrail-Reise als Teenager. Das herrliche Curry an einem Postkartenstrand in Thailand. Baguette, Käse und Rotwein auf einem abenteuerlichen Roadtrip durch Frankreich. Wir alle haben solche Erinnerungen, von denen wir zehren.
Sind wir aber sehr lange auf Reisen oder mussten wir, wie manche unserer Vorfahren oder die Großeltern, gar die Heimat verlassen, dann denken wir gerne und voller Sehnsucht an das Essen von zu Hause. Wir schwelgen in alten Erinnerungen und lassen sie uns im wahrsten Sinne des Wortes auf der Zunge zergehen. Kochen wir diese Suppen und Gerichte nach, dann holen wir uns ein Stück Heimat zurück, egal wo wir gerade sind.

O sole mio! Zwei Lieblingsrezepte aus Bella Italia

WE ARE FAMILY! MEINE HEIMWEH-FAMILIENSUPPE AUS NEPAL:

AMMAS DHALSÜPPCHEN *mit Tomaten-Koriander-Pickles und süßem Chai*

Dieses leckere Rezept stammt von Amma, meiner nepalesischen Wahlmutter. Ich habe das Dhal für den westlichen Gaumen allerdings ein bisschen verändert; durch die Zugabe von Zitronensaft und Apfel bekommt die Suppe etwas mehr Frische, und die Kokosmilch macht sie sämiger. In Nepal wird Dhal vom Geschmack her sehr viel schlichter, aber nicht minder lecker zubereitet: In einem Dampfgarer werden Linsen zusammen mit klein geschnittenen roten Zwiebeln, Knoblauch, gemahlenem Kreuzkümmel, Kurkuma und Salz in reichlich Wasser gekocht. Zu den Hauptessenszeiten morgens und abends – mittags wird lediglich ein kleiner Snack verzehrt – kann man aus jedem einzelnen Haus im Dorf das charakteristische Zischen des entweichenden Dampfes aus den Töpfen hören.
Ich reise jedes Jahr für jeweils zwei bis drei Monate nach Nepal, um meinen kleinen Patensohn Suresh zu besuchen. Suresh lebt zusammen mit 20 anderen Waisenkindern in Sipadol, einem kleinen Dorf oberhalb des Kathmandutals. Mittlerweile bin ich zu einem festen Mitglied der Familie, die das Waisenhaus gegründet hat, geworden, und alle nennen mich wegen meiner bunten Röcke, die ich in Nepal so gerne trage, liebevoll Butali. Butali heißt übersetzt Schmetterling, und wenn ich durch das Dorf zum Waisenhaus gehe, rufen die Menschen aus ihren Häusern oder von den Feldern immer diesen Namen zu mir herüber und laden mich zu einem süßen Milchtee ein, den man hier Chai nennt.
Als im April 2015 die Erde bebte, erlebte ich diese Katastrophe live vor Ort mit. Von einer Sekunde auf die andere wurden alle im Dorf, einschließlich unserer Familie und der Kinder, obdachlos. 80 Häuser stürzten ein, doch wie durch ein Wunder wurde niemand verletzt oder gar getötet. Auch unser Waisenhaus blieb stehen, war aber in den 56 Sekunden des Bebens instabil geworden. Wir mussten in den folgenden Nächten mit unseren Kindern bei strömendem Regen auf dem freien Feld übernachten. Zunächst dachten wir, dass sich die Situation bald wieder ändern würde und wir zurück in unsere Häuser könnten, doch dem war nicht so. Über Wochen und Monate mussten wir uns im Freien, in Ställen bei den Tieren oder unter Plastikplanen notdürftig einrichten.
Die ganze Zeit über wurde natürlich auch gekocht, schließlich mussten wir für 20 Kinder sorgen und sie satt bekommen. Wir richteten vor dem mit Wellblech überdachten Kuhstall eine provisorische Feuerstelle ein und kochten zweimal am Tag Reis mit Dhal und ein bisschen Gemüse von den Feldern, die wir bewirtschaften, um das Waisenhaus über die Runden zu bekommen.
Seit dieser Zeit ist Ammas Dhal für mich mit ganz besonderen Erinnerungen verbunden: an den Zusammenhalt im Dorf nach dem Beben und das gemeinsame Essen unter freiem Himmel. Das Lachen der Kinder, wenn sie sich die Bäuche vollschlugen, und die Gesänge der Erwachsenen, die mit ihren uralten Liedern gegen die Angst ansangen, werde ich bis ans Ende meiner Tage in meinem Herzen bewahren.

Wir teilten unsere Mahlzeiten in den schweren Zeiten nach dem großen Beben mit jedem, der vorbeikam. Alles wurde im Dorf geteilt, es gab im Grunde keinen persönlichen Besitz mehr. Überall konnte man sich dazusetzen und mitessen. Die Leute saßen auf den Wegen vor ihren zerstörten Häusern und kochten, genau wie wir auch, über offenen Feuerstellen. Immer gab es Dhal, und der Chai floss in rauhen Mengen; er wärmte uns von innen heraus, während der kalte Wind über uns hinwegfegte und der Regen auf die Plastikplanen trommelte.
Amma nennt ihre feinen, kalten Soßen, die sie häufig in kleinen Mengen zum Essen serviert, übrigens Pickles; ich habe diese Bezeichnung in Bezug auf das Tomaten-Koriander-Pickles übernommen, auch wenn mit »Pickles« ja genau genommen Eingelegtes gemeint ist und wir hier im Westen wohl eher von einer Salsa sprechen würden.

Bereite zuerst das Tomaten-Pickles zu, damit es, bevor es zum Einsatz kommt, noch ein bisschen im Kühlschrank durchziehen kann.
Süßer schwarzer Chai ohne Milch wird in Nepal traditionell morgens nach dem Aufstehen getrunken – also nicht direkt zum Dhal. Amma sagt, dass er so die Verdauung am besten anregt. Mit Milch trinkt man den Tee mittags zum Snack, der meistens aus zuckersüßen Keksen oder einer Handvoll getrockneter Reisflocken besteht. Beides wird in den Tee gebröckelt, bis ein regelrechter Brei entsteht, der dann genüsslich gelöffelt wird.
Es steht dir frei, wie und wann du Chai trinken möchtest, das Rezept ist jedenfalls so lecker, dass ich es unbedingt in ALL YOU NEED IS SOUP! mit einschmuggeln musste.

ZUTATEN FÜR DAS PICKLES:

ca. 500 g Cocktailtomaten, gewaschen
2 Bund Koriandergrün, gewaschen und samt der Stiele grob gehackt
2 Knoblauchzehen, geschält und grob geschnitten
Saft von 1 Limette
Meersalz
optional: 1 frische grüne Chilischote (falls du es gerne scharf magst), gewaschen, Stiel entfernt und in feine Ringe geschnitten

ZUTATEN FÜR DIE SUPPE:

1–2 Knoblauchzehen, geschält und fein geschnitten
ca. 3 cm Ingwer, geschält und fein geschnitten
2 EL Ghee, wahlweise Butter
1 kleine rote Zwiebel, geschält und fein geschnitten
Zesten von ½ Bio-Zitrone (vorher unter fließend heißem Wasser abwaschen)
½ TL gemahlene Kurkuma
½ TL Kreuzkümmelsamen
ca. 200 g Tomaten, gewaschen, vom Grün befreit und in mundgerechte Stücke geschnitten
1 kleiner säuerlicher Apfel, gewaschen, vom Kerngehäuse befreit und in kleine Stückchen geschnitten
ca. 100 g rote Linsen, in einem Sieb unter fließend kaltem Wasser gewaschen und anschließend abgetropft
1 ½ TL gemahlener Kreuzkümmel
ca. 1 l Gemüsebrühe
1 Dose Kokosmilch à 400 g
Saft von 1 Zitrone
Salz
1 EL Koriandergrün, gewaschen und fein gehackt, wahlweise Schnittlauchröllchen

AUSSERDEM:

1 kleiner und 1 großer Topf, großer Mörser oder Küchenmaschine, Pürierstab

Zubereitung:

Mit dem Pickles beginnen, weil es im Kühlschrank ziehen muss. Dazu 500 ml Wasser in einem kleinen Topf erhitzen, jedoch nicht zum Kochen bringen. Die Cocktailtomaten kreuzweise einritzen und ins simmernde Wasser geben, bis sich die Haut zu lösen beginnt. Die Tomaten aus dem Wasser nehmen, enthäuten und in Viertel schneiden. Die Tomatenviertel mit den restlichen Zutaten für das Pickles in einen Mörser oder in die Küchenmaschine geben und zu einer feinen Paste verarbeiten. Anschließend mindestens 15 Minuten im Kühlschrank kalt stellen.
In der Zwischenzeit die Suppe kochen. Dafür Knoblauch und Ingwer im Mörser zu einer Paste verarbeiten. Wenn du keinen Mörser hast, kannst du diese beiden Zutaten auch einfach sehr fein hacken. Nun das Ghee in einen Topf geben und erhitzen. Die Zwiebeln im Ghee scharf anbraten, dann die Knoblauch-Ingwer-Paste und die Zitronenzesten zugeben und bei mittlerer Hitze ca. 3 Minuten mitdünsten. Nun Kurkuma und Kreuzkümmelsamen zugeben und unter ständigem Rühren weitere 2 Minuten mitbraten. Anschließend die Tomaten- und Apfelstückchen zugeben und kurz andünsten. Dann die Linsen und den gemahlenen Kreuzkümmel hinzufügen und alles gut miteinander verrühren. Mit der Gemüsebrühe aufgießen und die Suppe ca. 5 Minuten zugedeckt köcheln lassen. Anschließend die Kokosmilch zugeben und erneut 5 Minuten köcheln lassen. Wenn die Linsen weich sind, mit Zitronensaft und Salz würzen. Falls nötig, noch etwas Gemüsebrühe zugeben. Abschließend das Dhal mit einem Pürierstab fein pürieren. Die Suppe in Tellern anrichten und jeweils 1 Teelöffel Tomaten-Pickles obendrauf geben. Mit Koriandergrün oder Schnittlauchröllchen garnieren und servieren.

ZUTATEN FÜR DEN CHAI (ERGIBT 1 L):
1 Zimtstange
5 Kardamomkapseln
5 Nelken
½ l Wasser
20 g frischer Ingwer, geschält und in Scheiben geschnitten
1 Msp. gemahlene Kurkuma
1 TL Zimtpulver
3–4 gehäufte TL Assamtee
3–4 TL Zucker
½ l fettarme Milch
evtl. Cayennepfeffer

AUSSERDEM:
1 Topf, feines Sieb, Trichter, Teekanne

Zubereitung:
Einen mittelgroßen Topf trocken auf der Herdplatte erhitzen. Zimtrinde, Kardamom und Nelken hineingeben und unter mehrmaligem Schwenken anrösten. Verbreitet sich ein erster zarter Duft, mit dem Wasser aufgießen sowie Ingwer, Kurkuma und Zimtpulver zugeben. Das Ganze nun zugedeckt aufkochen und dann bei reduzierter Hitze auf kleiner Flamme ca. 2–3 Minuten köcheln lassen. Anschließend den Assamtee und den Zucker zugeben und das Ganze weitere 1–2 Minuten köcheln lassen. Die Milch hinzufügen und den Chai einmal kurz aufkochen lassen. Dann den Topf vom Herd ziehen und den Chai zugedeckt 1–2 Minuten ziehen lassen. Anschließend die Flüssigkeit durch ein feines Sieb und einen Trichter – so geht nichts daneben – in eine mit heißem Wasser ausgespülte Teekanne füllen und zum Servieren eventuell mit einer kleinen Prise Cayennepfeffer pro Tasse würzen.

Letztens bekam ich eine begeisterte E-Mail von einem befreundeten Paar, dessen kleiner Sohn gerade in einer Phase ist, die viele Eltern sicher kennen. Lorenz lehnt so gut wie jedes Essen ab – außer Nudeln mit Butter, Kartoffelbrei und … Ammas Dhal, das er begeistert »Dhali« nennt und von dem er nicht genug bekommen kann.

TANTE ROSAS HEIMWEHSUPPE:
OSTPREUSSISCHER »BETEN-BORSCHTSCH« *mit Salzkartoffeln, Buttermilch, Dillgurken und Speck*

Das Rezept für dieses himmlische Gericht habe ich von einer Kursteilnehmerin zugesteckt bekommen. Magdas »Beten-Borschtsch« ist zwar mehr ein Eintopf als eine Suppe, aber wen kümmert das? Er schmeckt einfach sensationell! Magdas Familie stammt ursprünglich aus Ostpreußen. Dort heißt der Borschtsch eigentlich »Barscht« und wird auch gänzlich anders zubereitet als zum Beispiel in Russland, wo Fleisch und Weißkraut mit in den Topf kommen. Die Buttermilch in diesem Rezept mildert den erdigen Geschmack der Roten Bete etwas ab und gibt dem Ganzen eine ganz neue Note, aber das absolute Highlight ist das Topping: Dill, Gürkchen und der knusprige Speck sind beim Ostpreußischen »Beten-Borschtsch« ein absolutes Muss – das kannst du mir glauben!
Magdas Vater konnte sich leider nie so wirklich mit dem »Barscht« anfreunden, und so kochten ihn die Frauen der Familie immer für sich alleine bei Magdas Großmutter oder bei Tante Rosa, Röschen genannt, um gemeinsam in Erinnerungen an die verlorene Heimat zu schwelgen. Als Magda noch ein ganz kleines Mädchen war, stand Röschen eines Tages am Herd und rührte in dem Topf mit den Roten Beten. Durch die Küche zog bereits der verheißungsvolle Duft von Speck und frisch gehacktem Dill, und die heißen Salzkartoffeln »ruhten« schon unter dem dicken Federbett im Schlafzimmer, damit sie nicht auskühlten. Die dreijährige Magda konnte es kaum erwarten, dass sich endlich alle um den hölzernen Tisch versammelten, denn meistens erzählten die Großen dann lachend und mit leuchtenden Augen von zu Hause. Sie selbst konnte sich natürlich nicht an die alte Heimat erinnern, die Erwachsenen beschrieben sie aber immer so lebendig und farbenfroh, dass sie das Gefühl hatte, jeden Baum und jedes Haus dort zu kennen.
Magda stellte sich ganz dicht an den Herd und schaute erwartungsvoll zu ihrer Tante auf. Diese rührte und schmeckte ab, aber ihrem Gesichtsausdruck war zu entnehmen, dass sie nicht ganz zufrieden war. »Ulla, ich weiß nicht, was da fehlt! Der Barscht schmeckt heut nicht so gut!«, sagte sie verzweifelt zu Magdas Mutter, die gerade dabei war, den Tisch zu decken.
»Majoran!«, kam es da wie aus der Pistole geschossen aus dem Mund des kleinen Mädchens – und alle lachten. Noch Jahre später erzählte man sich in der Familie, dass »Majoran« eines der ersten Wörter gewesen war, die Magda fehlerfrei hatte sprechen können.

ZUTATEN FÜR DIE SALZKARTOFFELN:
1 kg festkochende Kartoffeln, geschält und in grobe Stücke geschnitten
Salz

ZUTATEN FÜR DEN BORSCHTSCH:
30 g Butter
1 mittelgroße Zwiebel, geschält und fein geschnitten
3–4 frische, mittelgroße Rote Beten, ca. 1 kg, geschält und grob geraspelt
500 ml Buttermilch
250 ml Gemüsebrühe
1 TL getrockneter Majoran
Salz
Saft von 1 Zitrone

ZUTATEN FÜR DAS TOPPING:
100 g Bauchspeck, fein gewürfelt
1 Bund Dill, gewaschen und fein gehackt
100 g Gewürzgurken aus dem Glas, fein gewürfelt

AUSSERDEM:
2 Töpfe, 1 kleine beschichtete Pfanne, 2 kleine Schüsseln

Zubereitung:
Zunächst die Kartoffeln in einen Topf geben und mit ausreichend Salz in kaltem Wasser aufsetzen. Zum Kochen bringen und auf mittlerer Flamme gar kochen. Anschließend durch ein Sieb abgießen und die Kartoffeln zurück in den Topf geben. Mit geschlossenem Deckel beiseitestellen. Gegebenenfalls den Topf zusätzlich in ein Geschirrtuch wickeln oder es wie Tante Rosa früher machen: Den Topf mit den Kartoffeln in ein Handtuch wickeln und ab damit ins Bett. Unter der kuscheligen Decke bleiben sie schön warm!
Inzwischen für den Borschtsch die Butter in einem großen Topf erhitzen und die Zwiebeln darin glasig dünsten. Anschließend die geraspelten Roten Beten zugeben und unter mehrfachem Rühren 2–3 Minuten ebenfalls andünsten lassen. Mit der Buttermilch und der Gemüsebrühe aufgießen und bei geschlossenem Deckel und auf mittlerer Flamme die Rote Bete weich kochen. Den Majoran zugeben, mit Salz und Zitronensaft abschmecken.
Während die Roten Beten köcheln, die Speckwürfel in einer kleinen beschichteten Pfanne langsam trocken, d.h. ohne zusätzliches Fett, erhitzen. Es ist wichtig, dass das sogenannte »Auslassen« des Specks langsam und bei nicht allzu hoher Hitze geschieht, sonst verbrennt er. Erst gegen Ende hin, wenn genügend Fett aus dem Speck ausgetreten ist, kann die Hitze erhöht werden; jetzt werden die Würfelchen schön knusprig. In einer kleinen Schüssel beiseitestellen.
In einer weiteren Schüssel Dill und Gewürzgurken miteinander verrühren und ebenfalls beiseitestellen.
Zum Servieren die Salzkartoffeln portionsweise in tiefen Tellern anrichten, Borschtsch darübergeben. Den Speck und die Dill-Gewürzgurken separat auf den Tisch stellen, so kann sich jeder ganz nach Gusto selbst bedienen.

TIPPS: Der »Beten-Borschtsch« schmeckt **aufgewärmt** fast noch besser! Anstelle des Specks kannst du auch gewürfelten **Räuchertofu** verwenden. Dazu musst du den Tofu lediglich klein schneiden.
Eine andere Variante sind hartgekochte, sehr **fein gehackte Eier**, die man unter den gebratenen Speck mischt. Klingt nicht nur gut, sondern schmeckt auch Hammer!
Man rechnet pro Kopf 1 Ei.

O sole mio!
Zwei Lieblingsrezepte aus Bella Italia

IL PIATTO PREFERITO DELLA HERZENSKÖCHIN: PASTA E CECI *con Pesto Rosso*

Ich liebe Kichererbsen! Viel bekannter als Pasta e Ceci, also Pasta mit Kichererbsen, sind in Italien aber Pasta e Fagioli, sprich Nudeln mit Bohnen, aber ein Kichererbsenrezept in ALL YOU NEED IS SOUP! musste meines Erachtens einfach sein! Da kam es mir natürlich sehr gelegen, dass ich vor einiger Zeit in der Toskana auf der Speisekarte eines winzigen Restaurants dieses deftige Gericht fand. Es schmeckte himmlisch! Da ich aber leider nur ein paar Brocken Italienisch spreche, war es mir unmöglich, die Besitzerin des Restaurants nach dem Rezept zu fragen, also machte ich mich, zurück zu Hause, ans Experimentieren – und das ist dabei herausgekommen. Ohne mich selbst über den grünen Klee loben zu wollen, aber meine Pasta e Ceci della Herzensköchin kann es locker mit jener aus Bella Italia aufnehmen!

ZUTATEN FÜR DAS PESTO ROSSO:

200 g getrocknete Tomaten, in Öl eingelegt (kann man in gut sortierten Supermärkten kaufen)
ca. 15–20 frische Basilikumblätter, gewaschen und trockengetupft
1 TL frisch geriebener Parmesan
je 1 Prise Meersalz und frisch gemahlener Pfeffer

ZUTATEN FÜR PASTA E CECI:

250 g getrocknete Kichererbsen, in kaltem Wasser über Nacht eingeweicht und anschließend in ausreichend Wasser weich gekocht (auf keinen Fall Salz ins Kochwasser geben; es verhindert, dass die Kichererbsen weich werden)
ca. 2–3 EL Olivenöl
2 kleine Zwiebeln, geschält und fein geschnitten
2 Knoblauchzehen, geschält und fein geschnitten
3 Stangen Staudensellerie, ca. 200 g, gewaschen und fein gewürfelt
1 mittelgroße Möhre, ca. 100 g, geschält und gewürfelt
2 EL Tomatenmark
1 Zweig frischer Rosmarin, wahlweise 3–4 Blätter frischer Salbei, gewaschen
2–3 getrocknete Lorbeerblätter
3–4 Wacholderbeeren
1 Dose stückige Tomaten à 400 g (Der wahre Italiener kocht übrigens … auch oft mit Dosentomaten. Die Qualität muss halt stimmen. Falls du frische Tomaten verwenden willst, dann brauchst du davon ca. 750 g, gewaschen, entkernt und gewürfelt.)
ca. 1,3 l Gemüsebrühe
150 g kleine Pasta, z. B. Hörnchennudeln
grobes Meersalz und gemahlener Pfeffer zum Abschmecken
geriebener Parmesan und frische Basilikumblätter zum Garnieren

AUSSERDEM:

Zelltücher, Mixer bzw. Küchenmaschine, 1 kleine Schüssel, 1 großer Topf

Zubereitung:

Zuerst das Pesto zubereiten. Dafür die getrockneten Tomaten auf Zelltüchern gut abtropfen lassen, klein schneiden und in den Mixer geben. Etwa 1 Esslöffel Öl aus dem Glas, in dem die Tomaten eingelegt waren, dazugeben. Auf grober Stufe mixen, dann die Basilikumblätter und den Parmesan zugeben. Alles zusammen zu einer feinen Paste verarbeiten. Zum Schluss mit Meersalz und Pfeffer abschmecken und in eine kleine Schüssel füllen. Ca. 30 Minuten im Kühlschrank durchziehen lassen.

In der Zwischenzeit für Pasta e Ceci die Kichererbsen abtropfen lassen. In einem großen Topf das Öl erhitzen. Zwiebeln, Knoblauch, Staudensellerie und Möhren dazugeben und ca. 2–3 Minuten braten. Das Tomatenmark hinzufügen, gut unterrühren und das Gemüse weitere 2 Minuten dünsten. Nun Rosmarin bzw. Salbei, Lorbeerblätter und Wacholderbeeren zugeben, dann die gekochten Kichererbsen und die Tomatenstücke aus der Dose unterrühren. Damit keine Rückstände bleiben und alle Reste verwertet werden, die Dose mit ein wenig Wasser ausschwenken und den Inhalt ebenfalls in den Topf geben. Die Gemüsebrühe zugießen, das Ganze kurz aufkochen lassen, dann die Hitze wieder leicht reduzieren. Zum Schluss die Pasta in den Topf geben und in der Suppe al dente kochen. Mit Meersalz und Pfeffer abschmecken. Rosmarinzweig und Lorbeerblätter aus der Suppe entfernen. Die Suppe in tiefen Tellern jeweils mit einem Klecks Pesto Rosso anrichten und mit frischem Parmesan und Basilikum garnieren.

TIPP: Übrig gebliebenes Pesto Rosso ist vielseitig verwendbar: Mit einem Schuss Olivenöl verdünnt, macht es sich hervorragend als **Pastasoße**, oder du verwendest es als **vegetarischen Brotaufstrich**. Ohne Parmesan wird das Pesto sogar vegan!

Getrocknete Chiliflocken würden dieser deftigen Suppe zusätzlich Schärfe geben, das tut dem Körper im klammen und nasskalten italienischen Winter natürlich besonders gut – und wärmt auch uns »Nordländer« schön von innen.

IL CLASSICO: MINESTRONE *mit Parmesan-Croûtons und frischem Basilikum*

Minestrone erinnert mich grundsätzlich immer an Urlaub. Als ich noch ein kleines Mädchen war, reisten meine Eltern mit mir und meiner Schwester jedes Jahr über die Pfingstferien an die italienische Adria. Wir fuhren immer, vollbepackt bis unters Dach, mit einer befreundeten Familie aus der Nachbarschaft im Autokonvoi zu einem kleinen Bauernhof direkt hinter dem Strand. Dort lebten wir zwei glückliche Wochen lang in kleinen, einfachen Ferienwohnungen im umgebauten Nebengebäude der Bauersleute. Das alte Ehepaar Scarpi bewirtschaftete den Hof mit seinen angrenzenden Gemüsefeldern, und ich durfte den beiden bei der Ernte manchmal zur Hand gehen. Ich liebte die alte Bäuerin, die wir alle Nonna Scarpi riefen, über alles, und obwohl sie kein Wort Deutsch und ich kein Wort Italienisch sprach, saßen wir beide stundenlang auf der Treppe vor dem Haus, um Erbsen zu pulen, Tomaten und Zwiebeln zu sortieren oder den Sand von den Kartoffeln zu bürsten.

Meine Mama kochte in der Ferienwohnung jeden Mittag für unsere kleine Familie – meistens gab es Spaghetti mit Tomatensoße –, aber das absolut Größte war es für mich, wenn mich Nonna Scarpi ins Haupthaus rief und mir auf dem Tisch mit der alten, abgeschabten Wachsdecke einen großen Teller Minestrone aus all dem Gemüse, das wir vorher gemeinsam verarbeitet hatten, servierte. Das geschah zwar nicht häufig, aber vielleicht habe ich es auch deswegen als etwas ganz Besonderes in Erinnerung.

Meine liebe Nonna Scarpi machte übrigens nie Parmesan-Croûtons wie im nachstehenden Rezept, bei ihr gab es lediglich einen dicken Kanten Weißbrot zur Suppe.

ZUTATEN FÜR DIE CROÛTONS:

60 g Butter
2 altbackene Brötchen, in Würfel geschnitten
80–100 g Parmesan, gerieben

ZUTATEN FÜR DIE SUPPE:

2 EL Olivenöl
1 dünne Stange Lauch, ca. 200 g, gewaschen und in feine Ringe geschnitten
3–4 Wacholderbeeren
2 getrocknete Lorbeerblätter
1 Zweig frischer Thymian, gewaschen
1 EL Tomatenmark
2–3 kleine vorwiegend festkochende Kartoffeln, ca. 300 g, geschält und in mundgerechte Würfel geschnitten
1–2 Möhren, ca. 200 g, geschält und in Scheiben geschnitten
1 kleiner Kohlrabi (wahlweise 1 kleiner Fenchel), ca. 200 g, gewaschen und in Stückchen geschnitten
ca. 1,3 l Gemüsebrühe
2 kleine Zucchini, ca. 200 g, gewaschen und in mundgerechte Stücke geschnitten
1 Dose weiße Bohnen, Abtropfgewicht 250 g
1 Dose stückige Tomaten à 400 g
1 Prise Cayennepfeffer
1–2 EL dunkler Balsamicoessig, wahlweise Sojasoße
Salz und frisch gemahlener Pfeffer
frische Basilikumblätter, gewaschen, zum Garnieren

AUSSERDEM:

Backblech und Backpapier, 1 beschichtete Pfanne, 1 Schüssel, 1 großer Topf

Zubereitung:

Zuerst die Croûtons zubereiten. Den Backofen auf 220 Grad Ober-/Unterhitze bzw. 200 Grad Umluft vorheizen. Ein Backblech mit Backpapier auslegen. Bis der Ofen warm ist, die Butter in einer Pfanne erhitzen und die Brotwürfel darin braten – sie sollten sich schön mit Fett vollsaugen. Danach die Brötchenwürfel auf dem Backblech verteilen und großzügig mit Parmesan bestreuen. Auf mittlerer Schiene backen, bis der Käse eine goldbraune Farbe angenommen hat. Das Blech aus dem Ofen nehmen und die Croûtons auskühlen lassen. Anschließend in eine Schüssel geben und beiseitestellen.

Während die Croûtons im Ofen backen, für die Suppe das Öl in einem großen Topf erhitzen. Den Lauch zugeben und unter Rühren leicht anbraten. Wacholderbeeren, Lorbeerblätter und Thymian hinzufügen, das Tomatenmark zugeben, kräftig unterrühren und ca. 1 Minute mitbraten. Nun Kartoffeln, Möhren und Kohlrabi bzw. Fenchel zufügen und gut vermengen. Das Ganze ca. 2–3 Minuten dünsten, dann mit der Gemüsebrühe ablöschen. Die Hitze reduzieren und ca. 10 Minuten köcheln lassen. Anschließend Zucchini, weiße Bohnen und Dosentomaten zugeben und unterrühren. Ist das Gemüse gar, die Suppe mit Cayennepfeffer, Balsamicoessig bzw. Sojasoße, Salz und Pfeffer kräftig abschmecken. Lorbeerblätter und Thymianzweig entfernen.

Zum Servieren die Minestrone portionsweise in tiefe Teller oder Schalen füllen und mit Basilikumblättern garnieren. Die Parmesan-Croûtons separat in einer Schüssel dazu reichen.

MEINE *Lieblings*-SUPPENREZEPTE

Auf diesen folgenden Seiten kannst du dir deine ganz persönlichen »ALL YOU NEED«-SOUPS für jede Lebenslage notieren.

Danke

Ohne die Hilfe meiner Testesser wäre dieses Buch nie so toll geworden – und es hätte auch nicht so viel Spaß gemacht, die Rezepte auszutüfteln und probezukochen. Ich danke euch, meine Lieben: Carla Krey, Pille Engelke-Hillebrand mitsamt ihrer Pillenpackung, Dagmar Danninger mit Alex, Joni und Jakob, meinen Ladys aus der Buchhandlung um die Ecke, den beiden Schlachthoffriseuren Kaan und Giuseppe, Roland Dimpfl vom »Makassar«, Mohan Klein, meinen Cousinen beim legendären »Kuhsinen-Treffen« und natürlich meinen Mädels vom »Gartensalon«.

Außerdem danke ich Amma, Vati, Oma, Omi, Mama, Rita, Manuela LaVecchia, Geka, Urte Sager, Jean-Marc Ferrara vom »Les Cuisiniers« und Carsten Roenicke für ihre leckeren Rezepte und professionellen Tipps.
Zu guter Letzt danke ich meinem Küchentisch, dessen schöne, alte Tischplatte mit ihrer schwarzen Musterung häufig für dieses Buch Model stand.

DIE AUTORIN

Susanne Seethaler, geb. 1969, lebt, schreibt und kocht in München. Sie ist Autorin einiger erfolgreicher Kochbücher. Susanne Seethaler schwingt regelmäßig den Kochlöffel als Seminarköchin und am Herd im »Gartensalon« in Schwabing. Einmal monatlich unterrichtet sie bei sich zu Hause in ihrer kunterbunten Küche Achtsamkeitskochkurse.

Bildnachweis

Fotos innen: Fotos: Shutterstock: S. 18 Zigzag Mountain Art/ S. 21 elena moiseeva/ S. 22 u. AnaMarques/ S. 26 sasimoto/ S. 36 Luisa Fumi/ S. 38 o. Yellowj/ S. 38 u. Thomas Bethge/ S. 42 iledic/ S. 45 Maren Winter/ S. 49 Leszek Czerwonka/ S. 50 Yuliya Gontar/ S. 51 Olena Kaminetska/ S. 52 li. Magdanatka/ S. 55 mubus7/ S. 58 o. li. CHAIWATPHOTOS/ S. 58 o. re. marco mayer/ S. 58 u. Odua Images/ S. 62 Oksana Mizina/ S. 65 Bluskystudio/ S. 68 Nikodash/ S. 69 Anna Shepulova/ S. 70 Sea Wave/ S. 72 o. Tobik/ S. 72 u. Guy' s Art/ S. 74 Mi. Brendan Howard/ S. 78 teleginatania/ S. 83 Beauty photographer/ S. 86 SEAGULL_L/ S. 87 pamuk/ S. 90 Lesya Dolyuk/ S. 92 thefoodphotographer/ S. 94 Oksana Mizina/ S. 95 casanisa/ S. 109 o. teleginatania/ S. 109 u. nito/ S. 111 alisafarov/ S. 112 Stepanek Photography/ S. 114 VICUSCHKA/ S. 115 mythja/ S. 124 o., 136 Jiratthitikaln Maurice/ S. 124 u., 146 Karissaa/ S. 128 zoryanchik/ S. 132 Matthew Bechelli/ S. 138 Natasha Breen/ S. 139 Natasha Breen/ S. 147 li. vaivirga/ S. 148 casanisa/ S. 149 Stasis Photo/ S. 154 li. marysckin/ S. 164 joker1991/ S. 165 SOMMAI;
Claudia Sanna: S. 12, 22 o., 74 o., 119; Susanne Seethaler: S. 30 li., 32, 34, 38 Mi., 47, 56, 66, 74 u., 99, 100, 101, 102, 117, 121, 124 Mi., 134, 144, 147 re., 152, 154 re., 159, 161, 162, 174;
M. Schäfer: S. 52 re., 80; C. Riederer: S. 163, 166; Manufaktur Design München: S. 175;
Hintergrund: S. 26, 32, 44, 56, 80, 88, 98, 111, 117, 120, 132, 142, 147, 166 Claudia Sanna;
Illustrationen: Shutterstock: Morphart Creation S. 3 Mi. o., u. re., S. 5 u., 6 o. li., 7, 9, 13 u., 30 re., 39 u., 74 u. li., 75 o., 75 u. re., 102 o. li., 103 u. re., 107 u., 111 u. re., 124 o. li., 125 u. re., 154 u. li., 155 Mi., 155 u. re./ Drozdova Tatiana S. 66, 67.